Ostpreußische Küche

www.komet-verlag.de
Vorwort: Dr. Frank-Lothar Hinz
Bildnachweis: Fotolia: Umschlag vorn rechts (© pawlasty),
Seite 4, 126-127 (© Piotr Skubisz); Seite 20-21 (© Andrea Seemann);
mauritius-images: S. 4, 9, 13, 17
Alle übrigen Abbildungen: Komet Verlag GmbH, Köln
Gesamtherstellung: Komet Verlag GmbH
ISBN 978-3-86941-041-8

Ostpreußische Küche

KOMET

Inhaltsverzeichnis

HEVELIUS
HEVELIUS

KASZUBSKI BRZEG
KASZUBSKI BRZEG

Ostpreußen

Hat's geschmeckt? - Ja
Bist Du satt? - Ja
Willst Du mehr? - Ja

(alltägliches Frage- und Antwortspiel zwischen Ostpreußen)

Das landschaftlich zum norddeutschen Tiefland gehörende Ostpreußen, es wird lediglich im südlichen Teil vom preußischen Landrücken mit einer höchsten Erhebung von 313 m durchzogen, war und ist bis heute auf der einen Seite maritim, auf der anderen Seite landwirtschaftlich geprägt. Es war mit seinen satten Böden die Kornkammer Preußens, auf Veranlassung Friedrichs des Großen wurde aber auch in den kärgeren Regionen die Kartoffel heimisch. Die mit dem Anbau von Futterpflanzen verknüpfte Aufzucht von gesundem Schlachtvieh, insbesondere von Schweinen, und die wiederum damit verbundene Erzeugung von Wurst- und Schinkenprodukten, trugen zum kulinarischen Ruhm dieser vormaligen preußischen Provinz weit über die Landesgrenzen hinaus bei.

Die Erinnerung der wenigen, heute noch lebenden vertriebenen Ostpreußen ist auf ewig verknüpft mit großzügig proportionierten Landgütern, mit stillen Wäldern, großen fischreichen Binnenseen, mit riesigen Kornfeldern, die sich bis zum Horizont erstrecken und mit ebenso großen Weideflächen, mit der Aufzucht von Pferden – denn diese waren in der Landwirtschaft vor dem

Zweiten Weltkrieg noch unentbehrlich – aber auch mit den in der ganzen Welt bekannten Trakehner-Gestüten.

Eine andere Erinnerung gilt der endlosen Weite, der glitzernden Ostsee unter strahlend blauem Himmel und einer bernsteinfarbenen Küste mit historischen Städten wie Danzig und Königsberg, wobei Königsberg nicht nur bekannt war für seine Werften, sondern auch als großer Fischereihafen eine bedeutende Rolle spielte. Ein Land also, mit allerbesten Voraussetzungen für einen stets überreich mit Produkten der Heimat gedeckten Tisch, zugleich auch eine Herausforderung für jeden ambitionierten Koch.

So ist es schade, dass so wenig von der für Ostpreußen überlieferten Küche tradiert wurde. Aber die Ausstrahlung der Provinz auf Berlin war schon aufgrund des ständigen Nahrungsmittelexports groß und so haben sich bis heute einige typisch ostpreußische Rezepte, wie Hecht im Backteig, ostpreußische Fischsuppe und Dämpfkarbonade immerhin in einigen Berliner Restaurants, die gepflegte, gutbürgerliche Küche anbieten, erhalten. Doch auch diese Horte der kulinarischen Traditionspflege werden immer rarer.

Im Westen der Republik, wenn überhaupt, kennt man Königsberger Klopse und die mit Honig erzeugte Spirituose Bärenfang – hochprozentiger Likör mit nachhaltiger Wirkung, wenn man den Genuss übertreibt. Dies gilt im Übrigen ebenso für das Danziger Goldwasser. Schließlich kennen wir noch die kaschubischen Rezepte seiner Heimatstadt Danzig, denen Nobelpreisträger Günter Grass in seinem berühmten Roman „Die Blechtrommel", liebevoll ein Denkmal gesetzt hat und die die Liebe der Ostpreußen zu besonders fettreicher Kost mit Schweinespeck, Schmant, Schmalz und ebenso kalorienreichen Aalgerichten eindrucksvoll dokumentieren. In Ostpreußen gab es z.B. kein Kohlgericht, das nicht mit Schmalz und Speck angedünstet wurde. Es ist daher verständlich, dass man zur Verdauung auf die oben beschriebenen Schnäpse zurückgreifen musste. In diesem Zusammenhang sei auch noch eine weitere hochprozentige Spezialität erwähnt, die auf die Trinkfestigkeit der nicht nur für ihre Dickköpfigkeit sondern auch für ihre Standhaftigkeit berühmten Einheimischen hinweist, der „Pillkaller". Auf ein mit Korn gefülltes Glas legt man eine dicke Scheibe Leberwurst und auf diese ein „Klacks'sche" Senf. Erst wird die Wurst gegessen, dann spült man mit Korn nach – wohl bekomm's! Leicht verständlich, dass man auf diese

Weise ein paar Korn mehr verkraften kann – die slawischen Nachbarn aus den Wodkaländern im Osten lassen grüßen.

Der Dorsch, in vielen Rezepten überliefert, heißt in Ostpreußen übrigens „Pomuckel". „Pomuckelskopf" war in Ostpreußen ein durchaus liebenswürdig gemeintes Kompliment für einen dickköpfigen, aber nicht starrsinnigen Menschen, anders als unsere herabsetzende Bezeichnung „Fischköpfe" für unsere holländischen Nachbarn oder norddeutsche Küstenbewohner, insbesondere Ostfriesländer.

In einem alten Kochbuch fand ich folgendes Bekenntnis eines Ostpreußen, es passt an dieser Stelle so gut, dass ich ungern darauf verzichten möchte, es zu zitieren:

„Was immer auch geschehen mag, Feste müssen gefeiert werden. Wie sie fallen. Und wenn auch einer fällt, oder eben mehrere, jeder Anlass ein Fest zu feiern, ist willkommen."

Die ostpreußische Küche hat, wie nahezu alle Regionalküchen, viele Wurzeln. Sie ist einmal beeinflusst aus dem Baltikum, zum andern von den vielen osteuropäischen Zuwanderern, die vor der Armut flohen und in der Landwirtschaft ihr Geld verdienten. Sie arbeiteten zwar hart für wenig Geld, aber die Verpflegung war nahrhaft und vor allem üppig. Typische Beispiele für Rezepte der slawischen Nachbarn, die hier häufig natürlich auch in gewissen Abwandlungen eine neue Heimat gefunden haben, sind einerseits die vielen Klöße- und Keilchengerichte und andererseits die Rote-Rüben-Gerichte, wie der „Beetenbartsch", in dem man unschwer einen Ableger des russischen „Borschtsch" auch sprachlich wiedererkennen kann.

Eng ist auch die kulinarische Verbindung zu Mecklenburg und Pommern, hierher kommt die auch in Skandinavien beliebte Verknüpfung von süß, herzhaft und sauer, so zum Beispiel die Linsen mit Backpflaumen und herzhaft oder süß gefüllten Piroggen.

Die Grundfesten der ostpreußischen Küche sind auch im bereits erwähnten Baltikum und in Westpreußen zu Hause, es sind Schmant (eine besonders fette Sahne, mit der Crème double vergleichbar), Glumse (= Quark), fette Fleischgerichte, sowohl Süß- als auch Salzwasserfische, sehr häufig herzhaft geräuchert. Berühmt waren auch die Nikolaiker Maränen. Dill fehlt an keinem, mit entsprechender Sauce zubereitetem Kochfischgericht, man vermutet, hier liege die Rezeptquelle in der Nachbarschaft zu Finnland. Gänsebraten und auch Gänseklein kamen in Ostpreußen nicht nur Weihnachten auf den Tisch, eine Tradition, die auch unsere polnischen Nachbarn im Osten pflegen, deren schmackhafte Gänse aus Freilandhaltung wir gerne importieren.

Königsberg hat im Übrigen nicht nur die bereits erwähnten Klopse zu bieten, die in der Stadt selbst übrigens „saure Klopse" genannt werden, berühmt war auch der Königsberger Fleck, eine Kuttelsuppe, die mit Majoran gewürzt, kochend heiß besonders gerne an kalten Wintertagen genossen wurde und deren Rezept in diesem Buch seine Renaissance erfährt. Berühmt ist auch bis heute das Königsberger Marzipan. Dieses aus Persien stammende Mandelbrot erhielt in Venedig seinen Namen „Brot des Markus" und gelangte von dort über Zuckerbäcker aus Grau-

bünden zunächst nach Gumbinnen und später nach Königsberg. Ein gewisser Wilhelm Pomatti aus Caslasegna gründete schließlich 1809 in Königsberg die erste Marzipanfabrik. Seine „Werkstatt" im alten Posthaus lag unmittelbar neben dem Schloss, sodass auch die Hohenzollern bei einem Königsbesuch in den Genuss seines Marzipans gelangten. Kein Wunder also, dass er den Titel eines Haus- und Hofkonditors erhielt. Heute wird Königsberger Marzipan von Ewald Liedke in der anderen Marzipanhochburg in Lübeck hergestellt. Ein weiterer Produzent ist die Konditorei Gehlhaar in Bad Wörrishofen.

Schweizer Käser importierten eine Käsesorte aus Emmental in die Region nördlich der Stadt Tilsit. So entstand der in aller Welt berühmte Tilsiter Käse. Er wird noch heute in Tilsit produziert, seit 1946 heißt Tilsit allerdings Sowjetsk und entsprechend heißt der Käse heute Sowjetski. Das Original hat inzwischen viele Nachahmer. In Deutschland wird der Käse nach wie vor unter

dem Namen Tilsiter gehandelt, in Dänemark heißt er Havarti. Eine historische Merkwürdigkeit ist der Reimport des original Tilsiter Rezeptes durch die beiden Thurgauer Otto Wartmann und Hans Wegmüller in die Schweiz. Sie hatten den Käse um 1890 in Tilsit kennen gelernt und sie und ihre Nachfolger produzieren nun seit 1893 den in sein Ursprungsland zurückgewanderten Käse, der unter dem Namen „Tilsiter Switzerland" geschützt ist.

Mit diesem kleinen Kochbuch wird der Versuch unternommen, etwas scheinbar unwiederbringlich Verlorenes festzuhalten. Wir hoffen, dass unsere vielfältigen Bemühungen, alte Rezepte nach dem Gedächtnis einiger profunder Kenner der ostpreußischen Küche zu rekonstruieren, gelungen sind. In jedem Fall sind wir für weitere Anregungen für hoffentlich später erfolgende Auflagen dankbar. Bei einigen Rezepten mussten die ursprünglichen, hier in der Bundesrepublik nicht mehr erhältlichen authentischen ostpreußischen Produkte durch im Handel befindliche Alternativen ersetzt werden. Auf die Crème double als Schmantersatz haben wir schon hingewiesen, für in Ostpreußen Geborene und deren Nachkommen, die durch Eltern und Großeltern die Küche der alten Heimat kennen und schätzen gelernt haben, ist unser Sauerrahm zum Beispiel nur ein unzureichender Ersatz. Auch die „Grue Afte", die grauen Erbsen findet man kaum noch. Wir haben sie durch gelbe Erbsen ersetzt. Eines kann ein Kochbuch leider nicht, Ihnen noch einmal den Geschmack der rauchwarmen Fische am Kurischen oder Frischen Haff auf die Zunge zaubern. Aber auch hier haben wir nach Alternativen gesucht.

Ein Produkt ist im Westen allerdings ebenso zu Hause wie im Osten, die Glumse, also der Quark. Hier hat es uns bislang eher an Rezepten gefehlt. Diese liefert unser Buch nun aus Ostpreußen nach. Erfreuen Sie sich an Glumskeilchen, Glumsnudeln, Glumsplinsen, Glumskäschen, Glumstorte und Butterglumse! Zu guter Letzt möchte ich gern, weil dies ja auch den Abschluss eines gelungenen Schlemmermahls darstellt, noch einmal auf die Hochprozentigen zu sprechen kommen, die so typisch sind für eine Ess- und Trinkkultur, die häufig nostalgisch an vergangene Zeiten erinnert.

Neben dem einzigartigen Danziger Goldwasser mit seinen Rauschgoldblättchen, das sich heute aufgrund seiner Originalität selbst in den USA hoher Beliebtheit erfreut, gibt es auch den Machandel, ein Wacholderschnaps, der in der alten Hanse- und Handelsstadt als eine Art Nationalgetränk galt und häufig mit Backpflaumen genossen wurde. Einige ostpreußische Likörspezialitäten leben heute unter anderem Namen im Westen weiter. So wurde aus dem „Kurenkaffee" der „Kosakenkaffee". Geschmack und Rezept sind nahezu identisch. Der gute alte „Bärenfang" wird hierzulande auch als „Bärenjäger" gehandelt. Sie können ihn übrigens ohne Weiteres aus Honig und Alkohol, angereichert mit einigen Gewürzen, selbst herstellen. Der „Pilkaller" wird durch dieses Buch wieder in Erinnerung gebracht, den „Nikolaschka" finden Sie auch heute noch ab und an auf den Getränkekarten von Nostalgie pflegenden Bars. Auf einem Gläschen mit Weinbrand wird eine gezuckerte Zitronenscheibe, die mit Kaffeepulver bestreut wird, serviert. Den Kaffee benötigte der Ostpreuße, um nach dem Genuss einiger Pillkaller länger wach zu bleiben.

Vielleicht ist es auch der Mangel an Wein, auf jeden Fall aber die Tatsache, dass die ostpreußische Küche nicht von oben sondern von unten, also den einfachen Menschen mit ihren vom Geldbeutel gelenkten schlichteren Genüssen bestimmt wurde, die dazu führte, dass die Ostpreußen bei der Erfindung von Schnäpsen einen Reichtum entwickelten, den man in anderen Ländern vergebens sucht. „Vor jedem Schnaps ein Schnaps und nach jedem Schnaps ein Schnaps – so kommt man durch", lautet nicht umsonst eine ostpreußische Lebenserfahrung.

Den respektlosen Umgang des Ostpreußen mit weinartigen Getränken dokumentiert übrigens das Rezept der Insterburger Weiße, das deshalb an dieser Stelle Erwähnung finden soll:

Insterburger Weiße

Man mischt eine Flasche trockenen Sekt, der recht kalt ist, mit zwei kleinen (oder einer großen) Flaschen Pils, das auch kalt ist, in einem Krug und würzt das Gebräu mit zwei Schnapsgläsern Danziger Goldwasser (es können auch mehr sein!). Zur Verzierung legt man eine Spirale Zitronenschale in den Krug. Löscht den Durst vorzüglich!

Wir hoffen, es ist uns mit diesem Buch gelungen, alte Rezepte wieder zu entdecken und zum Teil unserer Zeit angepasst neu zu interpretieren. Ziel dieses Buches ist es, die Wiederbegegnung mit einer untergegangenen Welt möglich zu machen, eine kulinarische Reise in die Vergangenheit zu unternehmen und dabei auch ein wenig Landeskunde zu betreiben. Letztlich sind es die Menschen und ihre Heimat, die auch in den überlieferten Rezepten ihre Spuren hinterlassen und weiterleben.

Viel Vergnügen beim Kochen und Genießen!

Kleine Speisen

Senfeier

Zutaten für 4 Personen

2 El Butter
2 El Mehl
250 ml Gemüsebrühe
2–3 Tl Senf
Salz
Zucker
Zitronensaft
2 Eigelb
8 Eier

Zubereitungszeit

15 Minuten
(plus Kochzeit)

Pro Portion

ca. 282 kcal/1184 kJ
17 g E · 22 g F · 3 g KH

1 Die Butter in einer Pfanne erhitzen und das Mehl hinzufügen. Unter Rühren eine Mehlschwitze bereiten, mit der Brühe ablöschen und 10 Minuten köcheln.

2 Den Senf dazugeben und darin glatt rühren, mit Salz, Zucker und etwas Zitronensaft abschmecken. Die Sauce vom Herd nehmen und die 2 Eigelb einrühren.

3 Die Eier in etwa 10 Minuten hart kochen, abschrecken und pellen. Anschließend die Eier in Scheiben schneiden und die Sauce darüber gießen. Die Senfeier mit Brot oder Pellkartoffeln servieren.

Soleier

Zutaten für 4 Personen

8 frische Eier
Salz

Zubereitungszeit

10 Minuten
(plus Kochzeit)

Pro Portion

ca. 185 kcal/777 kJ
15 g E · 13 g F · 0 g KH

1 Die Eier etwa 10 Minuten hart kochen, aus dem Topf nehmen und die Eierschale rundherum anstoßen, aber das Ei nicht pellen.

2 In einem Topf etwa 1 l mit viel Salz zum Kochen bringen und vom Herd nehmen.

3 Die Eier 24–36 Stunden in das gekochte Wasser legen, sodass sie schwimmen. Mit Senf und frischem Brot servieren. Die Soleier sind bis zu 8 Tage haltbar.

Soleier

Eierkuchen mit Speck

Zutaten für 4 Personen

8–10 Eier
50 g Mehl
Salz
200 ml Milch
100 g Speck
1 El Butter

Zubereitungszeit

15 Minuten
(plus Backzeit)

Pro Portion

ca. 315 kcal/1323 kJ
22 g E · 19 g F · 12 g KH

1 Die Eier in eine Schüssel geben und verquirlen. Mehl mit etwas Salz und Milch hinzufügen und gut verrühren. Etwa 200 ml heißes Wasser untermengen, bis der Teig schön geschmeidig ist.

2 Den Speck würfeln und etwa 1 El Speck in einer gusseisernen Pfanne auslassen. Die Butter dazugeben und schmelzen.

3 Etwa eine Schöpfkelle Teig über den Speck geben. Sobald der Teig sich hebt, mit dem Bratenmesser darunter gehen und den Teig leicht hochheben, damit wieder Fett darunter läuft. Den Eierkuchen auf beiden Seiten goldbraun backen.

4 Auf diese Weise 3 weitere Eierkuchen backen. Vor jedem neuen Eierkuchen jeweils 1 El Speck ausbraten. Die Eierkuchen als kleine Speise servieren oder zu Sauerkraut reichen.

Tipp: Kaufen Sie möglichst frische Eier. Eier verfügen nämlich über ein eigenes Immunsystem, das sie 18 Tage lang vor dem Eindringen von Salmonellen und Ähnlichem schützt.

Glumse-Brotaufstrich

Zutaten für 4 Personen

125 g Quark (Glumse)
50 g Schmand
1 Zwiebel
Salz
1 Prise Zucker
1/2 Tl edelsüßes Paprikapulver
2 El fein gehackter Schnittlauch
2 El frisch gehackte Petersilie
1 Tl Weinbrand

Zubereitungszeit

10 Minuten

Pro Portion

ca. 73 kcal/306 kJ
5 g E · 3 g F · 4 g KH

1 Den Quark durch ein Sieb in eine Schüssel streichen. Anschließend den Schmand unterrühren.

2 Die Zwiebel schälen und fein hacken. Zwiebel mit Salz, Zucker, Paprikapulver und den Kräutern unter den Quark rühren und pikant abschmecken.

3 Zuletzt den Glumse-Brotaufstrich mit dem Weinbrand abschmecken und zu frischem Brot oder Pellkartoffeln servieren.

Tomaten mit Quark

Zutaten für 4 Personen

125 g Quark
4 El Crème fraîche
3 Radieschen
4 El frisch gehackte gemischte Kräuter (Kerbel, Petersilie, Schnittlauch, Liebstöckel)
Salz
1 Zwiebel
6 Tomaten
1 Tl edelsüßes Paprikapulver

Zubereitungszeit

15 Minuten

Pro Portion

ca. 73 kcal/306 kJ
6 g E · 2 g F · 6 g KH

1 Den Quark mit der Crème fraîche gut verrühren. Die Radieschen putzen und reiben. Mit den Kräutern unter den Quark rühren und mit Salz abschmecken.

2 Die Zwiebel schälen und fein hacken. Die Tomaten waschen, einen Deckel abschneiden und die Tomaten aushöhlen.

3 Zwiebeln unter den Quark rühren und die Masse in die ausgehöhlten Tomaten füllen. Mit Paprikapulver bestreut servieren.

Ermländer Schinkenpastete

Zutaten für 4 Personen

125 g fettes Schweinefleisch
Salz, Pfeffer
1 Flasche helles Weizenbier (0,5 l)
100 g Champignons
10 Perlzwiebeln
3 Gewürzkörner
2 Gewürznelken
Muskat
250 g Kalbfleisch
1 Brötchen
200 ml Weißwein
1 Ei
1 Eigelb
200 g gekochter Schinken

Zubereitungszeit

30 Minuten
(plus Zeit zum Garen und Abkühlen)

Pro Portion

ca. 365 kcal/1533 kJ
33 g E · 11 g F · 17 g KH

1 Das Schweinefleisch in Würfel schneiden, leicht salzen und pfeffern und mit Weizenbier in einer Schüssel bedecken. Die Pilze putzen, feucht abreiben und in Scheiben schneiden. Die Zwiebeln fein hacken.

2 Das Schweinefleisch mit Bier, Pilzen und Zwiebeln in einen Topf geben. Die Gewürze hinzufügen und etwa 40 Minuten köcheln.

3 Das Kalbfleisch ebenfalls würfeln und nach Ende der Garzeit zum Schweinefleisch geben. Alles zusammen weitere 40 Minuten bei geringer Temperatur köcheln.

4 Das Brötchen in Wein einweichen. Fleisch, Zwiebeln und Pilze abgießen (Kochsud aufbewahren) und pürieren. Die Kochbrühe mit Ei und Eigelb verquirlen, das ausgedrückte Brötchen und das durchgedrehte Fleisch dazugeben und pikant abschmecken.

5 Den Backofen auf 180 °C (Umluft 160 °C) vorheizen. Eine Kastenform mit Alufolie auslegen, eine Lage Fleischmasse einfüllen (etwa 1,5 cm), darüber eine Schicht Schinkenscheiben legen. So fortfahren, bis alles verbraucht ist. Die Pastete mit Folie abdecken und etwa 60 Minuten im Ofen backen.

6 Die Pastete etwas abkühlen lassen und anschließend stürzen. Kalt mit Brot und Butter servieren.

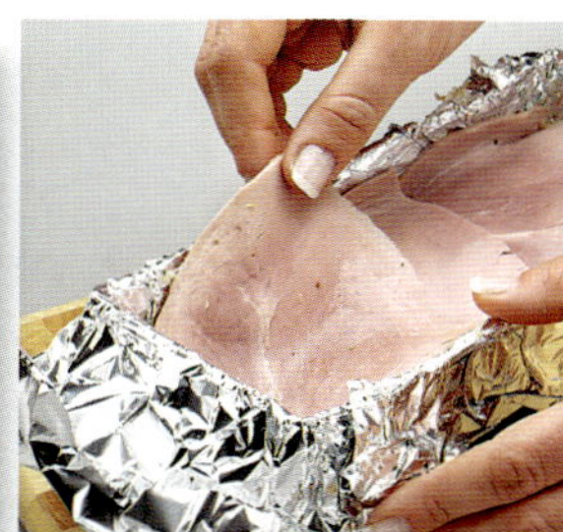

Fleischsalat

Zutaten für 4 Personen

250 g Bratenreste
125 g gekochter Schinken
200 g gekochte Senfgurke (aus dem Glas)
1 Apfel
125 g Champignons
150 ml Gemüsebrühe
4 Eigelb
2 El Zitronensaft
Öl
Salz, Pfeffer
Zucker
1 Scheibe Ananas
1 Hand voll gehackte Walnüsse

Zubereitungszeit

30 Minuten
(plus Zeit zum Ziehen)

Pro Portion

ca. 337 kcal/1415 kJ
25 g E · 20 g F · 12 g KH

1 Braten, Schinken und Senfgurke in feine Streifen oder Würfel schneiden. Den Apfel schälen, vom Kerngehäuse befreien und würfeln. Pilze putzen, feucht abreiben und würfeln. Alles miteinander in einer Schüssel vermischen. Die Brühe erhitzen und über die Salatzutaten geben. Etwa 30 Minuten ziehen lassen.

2 Die Eigelb in einer Schüssel schaumig rühren. Tropfenweise Zitronensaft und Öl zugeben und alles zu einer glatten Mayonnaise rühren. Mit den Salatzutaten vermischen und mit Salz, Pfeffer und Zucker abschmecken.

3 Die Ananasscheibe klein schneiden und mit den Walnüssen zum Fleischsalat geben. Mit Toast oder frischem Bauernbrot servieren.

Tunfisch-Rindfleisch-Salat

Zutaten für 4 Personen

3 Kartoffeln
Salz
2 Eier
1 Dose Tunfisch (450 g)
1 Birne
100 g Gouda
100 g gekochtes Rindfleisch
1 Gewürzgurke
1/2 Bund Frühlingszwiebeln
50 g Kapern
Pfeffer
4 Eigelb
2 El Zitronensaft
2–3 El Öl
Zucker

Zubereitungszeit

20 Minuten
(plus Garzeit)

Pro Portion

ca. 652 kcal/2738 kJ
42 g E · 38 g F · 34 g KH

1 Die Kartoffeln in wenig gesalzenem Wasser garen, dann abgießen, pellen und klein schneiden. Eier in etwa 10 Minuten hart kochen, abgießen, pellen und würfeln. Den Tunfisch abgießen, die Birne schälen, vom Kerngehäuse befreien und würfeln. Käse, Rindfleisch und Gurke in kleine Würfel schneiden. Die Frühlingszwiebeln putzen, waschen und fein hacken.

2 Die Salatzutaten mit den Kapern in einer Schüssel miteinander mischen und mit Salz und Pfeffer abschmecken.

3 Aus Eigelb, Zitronensaft und Öl eine Mayonnaise bereiten und mit den Salatzutaten vermischen. Den Salat mit Salz und Zucker abschmecken. Mit frischen Brötchen servieren.

Suppen & Eintöpfe

Kürbissuppe

Zutaten für 4 Personen

750 g Kürbis
1 Zwiebel
1 El Öl
500 ml Milch
50 g gehackte Mandeln
1 El Zucker
Salz, Pfeffer
1 Tl Speisestärke
1 Eigelb

Zubereitungszeit

20 Minuten
(plus Garzeit)

Pro Portion

ca. 255 kcal/1071 kJ
10 g E · 15 g F · 17 g KH

1 Den Kürbis schälen, die Kerne herauslösen und das Kürbisfleisch würfeln. Die Zwiebel schälen und fein hacken. Das Öl in einem Topf erhitzen und die Zwiebel darin glasig dünsten. Kürbiswürfel hinzufügen und kurz mitschmoren. Etwa 1 l Wasser zugießen und den Kürbis in etwa 20 Minuten gar kochen.

2 Den Kürbis pürieren und die Milch unter das Püree rühren. Die Mandeln untermischen und mit Zucker, Salz und Pfeffer abschmecken.

3 Die Speisestärke mit etwas Wasser verrühren und die Suppe damit binden. Zuletzt das Eigelb verquirlen und unterheben.

Linsensuppe mit Backpflaumen

Zutaten für 4 Personen

500 g getrocknete Linsen
250 g Backpflaumen
Salz
2 Möhren
100 g Knollensellerie
1 Zwiebel
1 Porree
250 g Pommersche (Fleischwurst)
Essig
Zucker

Zubereitungszeit

30 Minuten (plus Einweich- und Garzeit)

Pro Portion

ca. 552 kcal/2318 kJ
24 g E · 20 g F · 64 g KH

1 Die Linsen gut waschen und über Nacht in reichlich Wasser einweichen. Die Backpflaumen ebenfalls über Nacht einweichen. Am nächsten Tag die Linsen mit dem Einweichwasser in einen Topf geben und mit etwas Salz zum Kochen bringen. Die Linsen etwa 45 Minuten garen.

2 Das Gemüse putzen, Möhren, Sellerie und Zwiebel schälen, Porree gut waschen, alles klein schneiden und zu den Linsen geben. Die letzten 30 Minuten Garzeit mitköcheln.

3 Die Backpflaumen entsteinen, klein schneiden, in die Suppe geben und weitere 20 Minuten garen. Die Fleischwurst würfeln und in der Suppe erwärmen. Die Suppe mit Salz, Essig und Zucker pikant abschmecken und servieren.

Betenborschtsch

Zutaten für 4 Personen

1 kg Rote Bete
Salz
500 g Suppenfleisch (Rind)
1 Zwiebel
5 Gewürzkörner
1 Lorbeerblatt
Pfeffer
Essig
2 El Mehl
240 ml saure Sahne
1 El Zucker

Zubereitungszeit

30 Minuten
(plus Garzeit)

Pro Portion

ca. 397 kcal/1667 kJ
30 g E · 17 g F · 28 g KH

1 Die Rote Bete gut bürsten und in wenig gesalzenem Wasser in etwa 25 Minuten garen. Inzwischen das Rindfleisch in einem zweiten Topf mit Wasser bedecken. Die Zwiebel schälen und in Ringe schneiden. Zum Fleisch geben und mit den Gewürzkörnern, Lorbeerblatt, Salz und Pfeffer in etwa 45 Minuten garen.

2 Die Roten Bete abgießen, schälen und raspeln. Sofort mit Essig beträufeln, damit sie nicht ausbluten.

3 Nach der Garzeit des Rindfleisches die Roten Bete dazugeben und alles zusammen weitere 10 Minuten garen. Fleisch aus der Suppe nehmen und klein schneiden.

4 Das Mehl mit der sauren Sahne verrühren und unter die Suppe rühren. Mit Zucker abschmecken. Das Fleisch getrennt zum Betenborschtsch servieren oder zurück in die Suppe geben.

Tipp: Suppenfleisch wird schön zart, wenn man 1 Esslöffel Essig ins Kochwasser gibt.

Klunkersuppe

Zutaten für 4 Personen

1 l Milch

Salz

20 g Zucker

1/2 Päckchen Vanillinzucker

1 Ei

75 g Mehl

2–3 El Butter

Zubereitungszeit

15 Minuten

Pro Portion

ca. 305 kcal/1281 kJ

12 g E · 14 g F · 30 g KH

1 Die Milch mit etwas Salz, dem Zucker und Vanillinzucker in einen Topf geben und zum Kochen bringen.

2 Das Ei mit dem gesiebten Mehl verrühren. So viel Wasser in die Masse geben, dass sich Klunker (Klümpchen) bilden. Klunker unter Rühren in die kochende Milch geben.

3 Die Temperatur herunterschalten und die Klunker etwa 5–10 Minuten garen, dabei mehrmals umrühren. Vor dem Servieren die Butter in die Suppe rühren.

Kartoffelsuppe

Zutaten für 4 Personen

1 Bund Suppengemüse
1 Zwiebel
750 g Kartoffeln
3 Gewürzkörner
1 l Gemüsebrühe
Salz
250 ml saure Sahne
1 Tl Senf
Zucker
Pfeffer
1 El Butter
3 El frisch gehackte Petersilie

Zubereitungszeit

20 Minuten
(plus Garzeit)

Pro Portion

ca. 265 kcal/1113 kJ
6 g E · 11 g F · 33 g KH

1 Das Suppengemüse putzen, nach Bedarf schälen und klein schneiden. Die Zwiebel schälen und hacken. Die Kartoffeln waschen und schälen.

2 Das Gemüse mit Zwiebel, Kartoffeln, Gewürzkörnern und der Brühe in einen Topf geben, salzen und etwa 25–30 Minuten garen. Anschließend die Suppe pürieren.

3 Die saure Sahne in die Suppe rühren und mit Senf, Zucker und Pfeffer abschmecken. Die Butter unterrühren. Mit Petersilie bestreut servieren. Dazu Würstchen oder Fleischwurst reichen.

Gekröse-Eintopf

Zutaten für 4 Personen

750 g Gänseklein (Gekröse)
2 Zwiebeln
4–5 Gewürzkörner
1 Tl Majoran
Pfeffer
Salz
Zucker
1 Tl Speisestärke
500 g Kartoffeln
3 El frisch gehackte Petersilie

Zubereitungszeit

20 Minuten
(plus Garzeit)

Pro Portion

ca. 765 kcal/3213 kJ
31 g E · 62 g F · 21 g KH

1 Das Gekröse klein schneiden und mit etwa 1,5 l Wasser in einen Topf geben. Die Zwiebeln schälen und hacken. Mit Gewürzkörnern, Majoran, Pfeffer und Salz zum Gänseklein geben und bei mittlerer Temperatur kochen, bis der Magen des Gekröses weich ist.

2 Die Kartoffeln schälen und halbieren und in wenig gesalzenem Wasser in etwa 15 Minuten garen. Abgießen.

3 Das Gänseklein aus der Brühe nehmen und warm stellen. Die Brühe durchsieben und mit den Gewürzen und Zucker abschmecken. Die Speisestärke in etwas Wasser einrühren und die Brühe damit binden.

4 Die Kartoffeln auf 4 Teller verteilen, die Suppe darüber gießen und mit Petersilie bestreuen. Das Fleisch separat dazu reichen.

Gemüseeintopf

Zutaten für 4 Personen

250 g Lamm-
oder Hammelfleisch
250 g Rindfleisch
3 Gewürzkörner
1 Bund Suppengemüse
1 Zwiebel
1,5 l Fleischbrühe
1 Bund frische Möhren
150 g Brechbohnen
250 g Blumenkohl
1 Tomate
250 g Zuckerschoten
500 g Kartoffeln
Bohnenkraut
Salz, Pfeffer
Zucker
1/2 Bund frisch gehackter
Schnittlauch

Zubereitungszeit

40 Minuten
(plus Garzeit)

Pro Portion

ca. 370 kcal/1554 kJ
38 g E · 8 g F · 33 g KH

1 Fleisch von Haut und Sehnen befreien und mit den Gewürzkörnern in einen Topf geben. Suppengemüse putzen, nach Bedarf schälen und klein schneiden. Die Zwiebel schälen und würfeln. Gemüse, Zwiebel und Fleischbrühe zum Fleisch geben und bei mittlerer Temperatur etwa 50 Minuten garen. Anschließend das Fleisch herausnehmen und warm stellen.

2 Möhren putzen, schaben und würfeln. Bohnen putzen, entfädeln und schneiden, Blumenkohl zerteilen, Tomate achteln, Zuckerschoten putzen, Kartoffeln schälen und vierteln. Gemüse mit Bohnenkraut in die Brühe geben und etwa 15 Minuten garen. Das Gemüse sollte noch Biss haben.

3 Bohnenkraut herausnehmen. Gemüsesuppe mit Salz, Pfeffer und etwas Zucker abschmecken. Fleisch in Würfel schneiden und in die Suppe geben. Den Gemüseeintopf mit Schnittlauch bestreut servieren.

Sauerampfertopf

Zutaten für 4 Personen

500 g Sauerampfer
1,5 l Gemüsebrühe
4 Eier
500 g Kartoffeln
Salz
375 ml saure Sahne
1 El Mehl
35 g Butter
2 Eigelb
Zucker

Zubereitungszeit

30 Minuten
(plus Garzeit)

Pro Portion

ca. 465 kcal/1953 kJ
19 g E · 27 g F · 34 g KH

1 Den Sauerampfer verlesen, putzen und gut waschen. In der Gemüsebrühe in etwa 15 Minuten garen.

2 Die Eier hart kochen. Die Kartoffeln schälen und in wenig gesalzenem Wasser garen. Den Sauerampfer und die Kartoffeln pürieren und die Suppe erneut aufkochen. Das Mehl in die saure Sahne rühren und die Suppe unter Rühren damit binden.

3 Die Butter in der Suppe zerlassen. Die Eigelb verquirlen und in die nicht mehr kochende Suppe rühren. Mit Zucker abschmecken. Eier pellen und in Scheiben schneiden. Sauerampfersuppe auf Teller verteilen und mit Eischeiben garniert servieren.

Königsberger Rinderfleck

Zutaten für 4 Personen

- 500 g Suppenfleisch vom Rind oder Rinderknochen
- 1 Bund Suppengrün
- 1 Zwiebel
- 4 Gewürzkörner
- Salz, Pfeffer
- 1 Tl getrockneter Majoran
- 1 El Butterschmalz
- 1 kg frischer Rinderfleck (Kutteln)
- 1/2 Bund frisch gehackter Schnittlauch

Zubereitungszeit

25 Minuten
(plus Garzeit)

Pro Portion

ca. 465 kcal/1953 kJ
61 g E · 23 g F · 2 g KH

1 Das Suppenfleisch von Haut und Sehnen befreien. Das Suppengrün putzen, nach Bedarf schälen und klein schneiden. Zwiebel schälen und würfeln. Das Fleisch bzw. die Knochen mit Gemüse, Zwiebeln und Gewürzen sowie dem Butterschmalz in einen Topf geben, etwa 1,5 l Wasser hinzufügen und in etwa 60 Minuten garen.

2 Fleisch bzw. Knochen nach dem Garen aus der Brühe nehmen, diese durch ein Sieb in einen Topf gießen. Das Fleisch für andere Zwecke verwenden. Alternativ kann auch Fertig-Fleischbrühe verwendet werden.

3 Die Kutteln gut waschen und in Würfel schneiden. In die Brühe geben und etwa 4 Stunden köcheln (im Schnellkochtopf etwa 1 Stunde 30 Minuten).

4 Die Suppe auf Teller verteilen und mit Schnittlauch bestreuen. Mit Senf, Essig und frischem Baguette servieren.

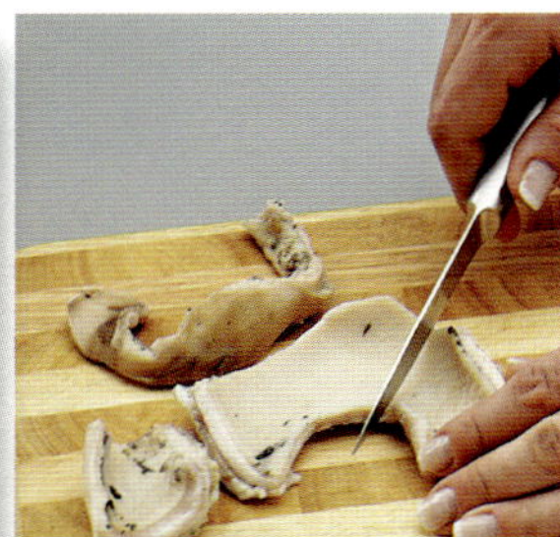

Der Königsberger Rinderfleck wurde im 19. Jahrhundert in Königsberg als Schnellimbiss direkt auf der Straße verkauft.

Erbseneintopf mit Speck

Zutaten für 4 Personen

500 g gelbe Erbsen
1,5 l Gemüsebrühe
1 Zwiebel
1 Knoblauchzehe
4 Gewürzkörner
1 Tl getrockneter Majoran
Salz
250 g geräucherter Bauchspeck
250 g Schweinefleisch
250 g Kartoffeln
Pfeffer

Zubereitungszeit

20 Minuten
(plus Garzeit)

Pro Portion

ca. 345 kcal/1449 kJ
33 g E · 11 g F · 26 g KH

1 Die Erbsen über Nacht in Wasser einweichen. Am nächsten Tag mit der Brühe in einen Topf geben. Zwiebel und Knoblauch schälen und hacken. Mit Gewürzkörnern, Majoran und Salz zu den Erbsen geben und alles zum Kochen bringen.

2 Bauchspeck und Schweinefleisch in die Suppe geben und mitgaren. Gelegentlich umrühren, damit die Erbsen nicht ansetzen. Wenn das Fleisch weich ist (ca. 30 Minuten), aus der Suppe nehmen und warm stellen.

3 Kartoffeln schälen, klein schneiden und in der Erbsensuppe garen. Wenn alles schön sämig ist, die Suppe mit Salz und Pfeffer abschmecken. Speck und Fleisch klein schneiden, in der Suppe erwärmen und servieren.

Kohlsuppe mit Fleisch

Zutaten für 4 Personen

500 g Rindfleisch
1 Zwiebel
4 Gewürzkörner
1,5 l Fleischbrühe
Salz
750 g Wirsingkohl
4 Möhren
500 g Kartoffeln
1 Tl gemahlener Kümmel
Pfeffer
Zucker

Zubereitungszeit

30 Minuten
(plus Garzeit)

Pro Portion

ca. 355 kcal/1491 kJ
33 g E · 11 g F · 26 g KH

1 Das Fleisch in einen Topf geben. Die Zwiebel schälen, in Ringe schneiden und dazugeben. Gewürzkörner und Brühe hinzufügen und leicht salzen. Das Fleisch etwa 60 Minuten garen.

2 Den Kohl putzen, harten Strunk entfernen, den Kohl fein hobeln. Möhren putzen, schälen und klein schneiden. Die Kartoffeln schälen und würfeln.

3 Das Fleisch aus der Brühe nehmen und diese durchsieben. Fleisch warm stellen. Kohl, Möhren und Kartoffeln mit Kümmel, Salz und Pfeffer in die Brühe geben und in etwa 25 Minuten garen. In den letzten 10 Minuten das in Würfel geschnittene Fleisch wieder dazugeben. Die Suppe mit Zucker abschmecken und servieren.

Gemüse & Salat

Kohlrabi mit Schmand

Zutaten für 4 Personen

3 mittelgroße Kohlrabi
Salz
1 El Butter
1 El Mehl
1 Gemüsebrühwürfel
125 g Schmand
Pfeffer
gemahlene Muskatnuss
1 Eigelb

Zubereitungszeit

20 Minuten
(plus Garzeit)

Pro Portion

ca. 163 kcal/684 kJ
4 g E · 13 g F · 6 g KH

1 Kohlrabi schälen und in Scheiben oder Würfel schneiden. Kohlrabi in wenig gesalzenem Wasser etwa 15 Minuten garen. Dann abgießen und abtropfen lassen (das Kochwasser aufbewahren).

2 Die Butter in einem Topf schmelzen und das Mehl darin unter Rühren anschwitzen. Mit etwa 250 ml Kochwasser auffüllen und so lange rühren, bis die Sauce bindet. Dann den Gemüsebrühwürfel hinzufügen und rühren, bis er sich aufgelöst hat.

3 Schmand in die Sauce rühren und mit Salz, Pfeffer, Muskat abschmecken. Topf vom Herd nehmen und das Eigelb unterrühren. Zuletzt die Kohlrabi in die Sauce geben. Zu Kartoffeln und Fleisch reichen.

Schmorkohl

1 Den Kohl putzen, waschen, den harten Strunk abschneiden und den Kohl in dünne Streifen schneiden.

2 Das Butterschmalz in einem Topf schmelzen und den Kohl darin anschmoren. Äpfel schälen, vom Kerngehäuse befreien, fein würfeln und zum Kohl geben. Etwa 100 ml Wasser zugießen und mit den Gewürzen, Zucker und Zitronensaft würzen.

3 Den Kohl abgedeckt etwa 60 Minuten schmoren. Anschließend süßsauer abschmecken. Zu Geflügel oder Bratklopsen mit Salzkartoffeln reichen.

Zutaten für 4 Personen

600 g Weißkohl
1 El Butterschmalz
2 kleine Äpfel
Salz, Pfeffer
1 Tl gemahlener Kümmel
Zucker
Saft von 1/2 unbehandelten Zitrone

Zubereitungszeit

25 Minuten
(plus Schmorzeit)

Pro Portion

ca. 99 kcal/415 kJ
2 g E · 3 g F · 14 g KH

Gemüsegulasch

Zutaten für 4 Personen

375 g Brechbohnen
Salz
3 Schalotten
1 El Butterschmalz
350 g Tomaten
Pfeffer
1 Tl edelsüßes Paprikapulver
1 Tl gekörnte Brühe
125 g Schmand
1 Prise Zucker
2 El frisch gehackte Petersilie

Zubereitungszeit

30 Minuten
(plus Garzeit)

Pro Portion

ca. 163 kcal/684 kJ
4 g E · 12 g F · 8 g KH

1 Die Bohnen putzen, entfädeln und waschen. In der Mitte brechen und in einen Topf mit wenig gesalzenem Wasser aufkochen. In etwa 10–12 Minuten bissfest garen. Anschließend abgießen und abtropfen lassen.

2 Schalotten schälen und würfeln. Butterschmalz in einem Topf schmelzen und die Schalotten darin andünsten. Tomaten heiß überbrühen, von Häuten und Stielansätzen befreien, entkernen und klein schneiden.

3 Tomaten zu den Schalotten geben und mit Salz, Pfeffer und Paprikapulver würzen. Unter Rühren etwa 5 Minuten schmoren. Die Bohnen unterheben, Brühe einrühren und alles kurz aufkochen.

4 Schmand zum Gemüsegulasch geben und mit Salz, Pfeffer und Zucker abschmecken. Mit Petersilie bestreut servieren. Dazu Kartoffeln reichen.

Tipp: Bohnen dürfen niemals roh gegessen werden, da sie unverdaulich sind und Gesundheitsstörungen verursachen.

Erbsen mit Specksauce

Zutaten für 4 Personen

500 g graue Erbsen
Salz
75 g durchwachsener Speck
1 Zwiebel
2 El Mehl
Pfeffer
Zucker
1 Tl Essig

Zubereitungszeit

20 Minuten
(plus Einweich-,
Gar- und Schmorzeit)

Pro Portion

ca. 145 kcal/609 kJ
11 g E · 2 g F · 18 g KH

1 Die Erbsen mehrmals gut waschen und abgießen. Über Nacht in Wasser einweichen. Am nächsten Tag im Einweichwasser mit etwas Salz aufkochen und etwa 60 Minuten garen.

2 Den Speck in feine Würfel schneiden. Die Zwiebel schälen und würfeln. Den Speck in einer Pfanne auslassen, dann das Mehl unterrühren und leicht bräunen lassen. Mit etwas Wasser ablöschen und die Zwiebelwürfel hinzufügen. Die Mischung 10 Minuten köcheln und mit Salz, Pfeffer, Zucker und Essig nach Geschmack würzen.

3 Die Erbsen über einem Sieb abgießen und abtropfen lassen. Die Erbsen mit der Specksauce zu Kartoffeln servieren.

Teltower Rübchen

Zutaten für 4 Personen

600 g Teltower Rübchen
175 ml Milch
1 El Butter
1 Tl Zucker
125 ml Gemüsebrühe
100 ml Sahne
1 Tl Speisestärke
Salz
1/2 Tl gemahlene Muskatnuss
1 Tl Zitronensaft

Zubereitungszeit

20 Minuten
(plus Schmor- und Garzeit)

Pro Portion

ca. 185 kcal/777 kJ
4 g E · 11 g F · 16 g KH

1 Die Rübchen putzen, schaben und vierteln oder achteln. Sofort in Milch legen, damit sie nicht braun werden.

2 Die Butter in einem Topf schmelzen und den Zucker darin karamellisieren lassen. Dann die Rübchen mit der Milch zum Zucker geben. Kurz darin schmoren, dann mit der Gemüsebrühe ablöschen. Rübchen etwa 45 Minuten garen.

3 Die Speisestärke in die Sahne rühren und die Rübchen damit unter Rühren binden. Zuletzt mit Salz, Muskatnuss und Zitronensaft abschmecken. Teltower Rübchen schmecken zu Salzkartoffeln, Bratwurst und Braten.

Selleriesalat

Zutaten für 4 Personen

2 Sellerieknollen (ca. 500 g)
Salz
1 Orange
Zucker
2 El Zitronensaft
50 g gehackte Walnüsse
2 Eigelb
1 El Sahne
1 Tl Senf
Öl

Zubereitungszeit

30 Minuten
(plus Garzeit)

Pro Portion

ca. 200 kcal/840 kJ
5 g E · 15 g F · 8 g KH

1 Die Sellerieknollen putzen, gut abbürsten und in wenig gesalzenem Wasser mit Schale etwa 30 Minuten garen. Abgießen, abtropfen und abkühlen lassen. Sellerie anschließend schälen und in Streifen oder Würfel schneiden.

2 Die Orangen schälen, filettieren und evtl. Kerne entfernen. Die Orangenschnitze in Würfel schneiden und unter den Sellerie mischen. Die Mischung mit Zucker, Salz und 1 El Zitronensaft abschmecken und die Walnüsse unterheben.

3 Die Eigelb mit restlichem Zitronensaft, Sahne, Salz und Senf verrühren und im warmen Wasserbad einige Minuten schlagen. Tropfenweise so viel Öl zugeben, dass eine dickflüssige Mayonnaise entsteht. Mit dem Selleriesalat mischen. Mit Toast servieren.

Tipp: Kaufen Sie Knollensellerie grundsätzlich nach Gewicht und Klang: Wiegt die Knolle verhältnismäßig wenig und klingt sie beim Klopfen hohl, ist sie alt und innen pappig. Liegt sie hingegen schwer in der Hand, ist sie frisch.

Masurischer Sauerkrautsalat

Zutaten für 4 Personen

450 g Sauerkraut
2 Zwiebeln
2 Äpfel
2 El Sonnenblumenöl
1/2 Tl Zucker
Salz, Pfeffer
250 ml Sahne
150 g gekochter Schinken

Zubereitungszeit

30 Minuten
(plus Zeit zum Durchziehen)

Pro Portion

ca. 312 kcal/1310 kJ
11 g E · 23 g F · 13 g KH

1 Das Sauerkraut etwas abtropfen lassen und klein schneiden. Die Zwiebeln schälen und fein hacken. Die Äpfel schälen, vom Kerngehäuse befreien und in kleine Würfel schneiden.

2 Sauerkraut, Zwiebeln und Äpfel in einer Schüssel vermischen. Aus Öl, Zucker, Salz, Pfeffer und der Sahne eine Salatsauce rühren und über die Salatzutaten geben.

3 Alles gut mischen und etwa 30 Minuten durchziehen lassen. Schinken würfeln und unterheben. Sauerkrautsalat zu Bratkartoffeln reichen.

Gurkensalat mit Dill

Zutaten für 4 Personen

1 Salatgurke
250 g Schmand
Saft von 1/2 unbehandelten Zitrone
1/2 Tl Zucker
Salz, Pfeffer
2 El frisch gehackter Dill

Zubereitungszeit

15 Minuten

Pro Portion

ca. 188 kcal/789 kJ
1 g E · 18 g F · 2 g KH

1. Die Gurke waschen und in dünne Scheiben hobeln.

2. Aus Schmand, Zitronensaft, Zucker, etwas Salz und Pfeffer eine Salatsauce rühren und mit den Gurkenscheiben mischen. Etwa 10 Minuten ziehen lassen, dann den Dill unterheben.

3. Den Gurkensalat zu Salzkartoffeln und Bratklöpsen oder Bratwurst servieren.

Danziger Kartoffelsalat

Zutaten für 4 Personen

1 kg Kartoffeln
2 Eier
4 Eigelb
2 El Zitronensaft
5 El Öl
200 ml saure Sahne
1 Zwiebel
1 Tl Senf
Salz, Pfeffer
1 Tl Zucker
1 Bund Radieschen
1 El frisch gehackte Petersilie

Zubereitungszeit

35 Minuten
(plus Zeit zum Garen
und Durchziehen)

Pro Portion

ca. 370 kcal/1554 kJ
14 g E · 15 g F · 40 g KH

1 Die Kartoffeln gründlich waschen und in kochendem Wasser in etwa 20 Minuten garen, dann abgießen und abtropfen lassen. Die Eier in etwa 10 Minuten hart kochen. Pellen und in Scheiben schneiden.

2 Die Eigelb mit dem Zitronensaft mischen und im warmen Wasserbad verrühren. Tropfenweise das Öl zugeben und alles zu einer cremigen Mayonnaise rühren. Unter Rühren abkühlen lassen. Dann die saure Sahne unterziehen.

3 Die Kartoffeln pellen und würfeln. Die Zwiebel schälen und hacken. Mit heißen Wasser kurz überbrühen.

4 Kartoffeln, Zwiebeln und Salatsauce mischen und mit Senf, Salz, Pfeffer und Zucker abschmecken. Die Radieschen waschen und in Scheiben schneiden. Unter den Salat heben und diesen etwa 3 Stunden durchziehen lassen.

5 Kartoffelsalat mit Eierscheiben belegt und gehackter Petersilie bestreut servieren. Dazu Würstchen oder Bratfische reichen.

Kartoffeln & Beilagen

Apfelkartoffeln

Zutaten für 4 Personen

1 kg Kartoffeln
Salz
375 g Äpfel
1 1/2 El Zucker
Pfeffer

Zubereitungszeit

25 Minuten
(plus Garzeit)

Pro Portion

ca. 230 kcal/966 kJ
5 g E · 0 g F · 48 g KH

1 Die Kartoffeln waschen und in wenig gesalzenem Wasser etwa 20 Minuten garen, dann abgießen und leicht abkühlen lassen. Kartoffeln pellen und zerstampfen.

2 Die Äpfel schälen, vom Kerngehäuse befreien und klein schneiden. Äpfel in einem Topf mit 100 ml Wasser und 1 El Zucker unter Rühren zu Mus kochen.

3 Apfelmus und Kartoffelbrei miteinander mischen und gut untereinander rühren. Anschließend mit restlichem Zucker, Salz und Pfeffer abschmecken. Dazu eine Specksauce und Bratwurst oder gebratene Leber reichen.

Bratkartoffeln mit Schmand

Zutaten für 4 Personen

750 g Kartoffeln
2 El Butter
2 Schalotten
Salz
250 g Schmand
Pfeffer
2 El frisch gehackter Dill

Zubereitungszeit

20 Minuten
(plus Gar- und Schmorzeit)

Pro Portion

ca. 357 kcal/1499 kJ
5 g E · 23 g F · 30 g KH

1 Die Kartoffeln gut abbürsten und in Wasser in etwa 20 Minuten garen. Dann abgießen und leicht abkühlen lassen. Die Kartoffeln pellen und in Scheiben schneiden.

2 Die Butter in einer Pfanne zerlassen. Die Schalotten schälen und fein hacken. In der Butter glasig dünsten. Dann die Kartoffelscheiben hinzufügen, salzen und unter mehrmaligem Wenden goldbraun braten.

3 3–4 El Wasser über die Kartoffeln geben und einkochen lassen. Den Schmand zugeben und etwas eindicken lassen. Die Schmandkartoffeln mit Salz und Pfeffer abschmecken und den Dill unterheben. Mit Salat und kaltem Braten servieren.

Bauernfrühstück

Zutaten für 4 Personen

750 g Kartoffeln
2 El Butter
30 g Bauchspeck
Salz, Pfeffer
1 Zwiebel
4 Eier
1 Eigelb
2 El Milch
125 g gekochter oder roher Schinken
4 Gewürzgurken
1 El frisch gehackter Schnittlauch

Zubereitungszeit

30 Minuten
(plus Gar- und Schmorzeit)

Pro Portion

ca. 302 kcal/1268 kJ
14 g E · 13 g F · 296 g KH

1 Die Kartoffeln gut abbürsten und in Wasser in etwa 20 Minuten garen. Dann abgießen und leicht abkühlen lassen. Die Kartoffeln pellen und in Scheiben schneiden.

2 Die Butter in einer Pfanne schmelzen. Den Speck würfeln und in der Butter auslassen. Die Kartoffelscheiben im Fett unter mehrmaligem Wenden goldbraun braten, dann mit Salz und Pfeffer würzen.

3 Die Zwiebel schälen und würfeln und mit den Kartoffeln schmoren. Den Schinken würfeln und unter die Kartoffeln mischen.

4 Die Eier und das Eigelb mit der Milch verquirlen, würzen und über die Kartoffeln geben. Stocken lassen. Mit Schnittlauch bestreuen und mit je 1 Gewürzgurke servieren.

Tipp: Kartoffeln möglichst immer mit der Schale kochen, denn das verhindert das Ausschwemmen wertvoller Inhaltsstoffe. Dann sehr dünn schälen, da die wertvollsten Nährstoffe direkt unter der Schale sitzen.

Schusterpastete

Zutaten für 4 Personen

750 g Kartoffeln
50 g Bauchspeck
Salz
250 g Pommersche
(Fleischwurst)
2 Fettheringe, gewässert
2 Zwiebeln
Pfeffer
250 g Schmorkohl
500 g Schmand
1 El Butter
2 El frisch geriebener Käse

Zubereitungszeit

40 Minuten
(plus Gar- und Backzeit)

Pro Portion

ca. 905 kcal/3801 kJ
29 g E · 72 g F · 34 g KH

1 Die Kartoffeln gut abbürsten und in Wasser in etwa 20 Minuten garen. Dann abgießen und leicht abkühlen lassen. Kartoffeln pellen und in Scheiben schneiden. Speck würfeln, in einer Pfanne auslassen und die Kartoffeln darin anbraten. Salzen.

2 Den Backofen auf 180 °C (Umluft 160 °C) vorheizen. Fleischwurst würfeln, die Fettheringe klein schneiden. Die Zwiebeln schälen und in Würfel schneiden.

3 Abwechselnd Kartoffeln, Pommersche, Heringe, Zwiebeln und Schmorkohl in eine Auflaufform schichten, bis alle Zutaten verbraucht sind. Mit Kartoffeln abschließen. Den Schmand cremig rühren und darüber gießen und die Butter in Flöckchen darauf legen. Den Auflauf mit Käse bestreuen und im Ofen etwa 35 Minuten backen.

Kokelinske

Zutaten für 4 Personen

1 kg Kartoffeln
Salz, Pfeffer
2 Zwiebeln
150 g Schinkenspeck

Zubereitungszeit

20 Minuten
(plus Backzeit)

Pro Portion

ca. 245 kcal/1029 kJ
13 g E · 3 g F · 38 g KH

1 Den Backofen auf 190 °C (Umluft 170 °C) vorheizen. Die Kartoffeln schälen, waschen und trockentupfen. Kartoffeln reiben und mit Salz und Pfeffer würzen.

2 Die Zwiebeln schälen und in dünne Scheiben schneiden, den Schinkenspeck ebenfalls in Scheiben schneiden.

3 Kartoffeln mit den Zwiebelscheiben mischen und auf einem Backblech verteilen. Die Speckscheiben darüber legen und das Ganze im Ofen etwa 30 Minuten backen, bis es goldbraun ist und der Speck schön knusprig. Mit frischem Salat servieren.

Heilsberger Kartoffelkeilchen

Zutaten für 4 Personen

1,25 kg Kartoffeln
1 Ei
2 El Mehl
Salz
125 geräucherter Speck
2 Zwiebeln
1 El Butter

Zubereitungszeit

40 Minuten
(plus Gar- und Schmorzeit)

Pro Portion

ca. 302 kcal/1268 kJ
12 g E · 5 g F · 49 g KH

1 400 g Kartoffeln mit Schale in kochendem Wasser etwa 20 Minuten garen. Dann abgießen und abkühlen lassen. Die rohen Kartoffeln schälen und in eine Schüssel mit kaltem Wasser reiben, damit sie nicht anlaufen. Die gekochten Kartoffeln pellen und ebenfalls reiben.

2 Die rohen Kartoffeln abgießen und in einem Tuch gut ausdrücken. Mit den gekochten Kartoffeln mischen. Ei und Mehl dazugeben, salzen und aus den Zutaten einen glatten Teig kneten. Etwa 30 Minuten ruhen lassen.

3 In einem großen Topf reichlich Wasser zum Kochen bringen. Aus dem Kartoffelteig einen Probekloß formen und im Wasser 10 Minuten garen. Ist er zu fest, Wasser zum Teig geben, bei einem zu weichen Kloß den Teig mit noch etwas Mehl vermischen.

4 Aus dem Teig kleine längliche Keilchen formen und im offenen Topf kochen. Wenn sie an die Oberfläche kommen, noch etwa 10 Minuten ziehen lassen. Mit dem Schaumlöffel herausnehmen und warm stellen.

5 Den Speck würfeln, die Zwiebeln schälen und in Scheiben schneiden. Speck und Butter in einer Pfanne zerlassen, die Zwiebeln darin schmoren. Wenn die Speckwürfel knusprig sind, diese Mischung zu den Kartoffelkeilchen servieren. Dazu grünen Salat servieren.

Geschmorte Pilze

Zutaten für 4 Personen

500 g Pilze, z.B. Gelböhrchen (alternativ Shiitake)
30 g Speck
1 El Butter
1 Zwiebel
1–2 El Mehl
125 g Schmand
Salz, Pfeffer
1 Prise Zucker
1/2 El Zitronensaft
1 El frisch gehackte Petersilie

Zubereitungszeit

20 Minuten (plus Schmorzeit)

Pro Portion

ca. 193 kcal/810 kJ
4 g E · 12 g F · 20 g KH

1 Die Pilze putzen, harte und zu weiche Stellen wegschneiden. Pilze gut waschen und abtropfen lassen. Klein schneiden. Den Speck in Würfel schneiden.

2 Den Speck in einer Pfanne auslassen, die Butter hinzufügen und die Pilze darin unter Rühren schmoren. Die Zwiebel schälen und hacken. Unter die Pilze mischen und mitschmoren.

3 1–2 El Wasser zu den Pilzen geben und diese etwa 15 Minuten bei mittlerer Temperatur schmoren. Mit Mehl bestäuben und den Schmand unterrühren. Gut durchrühren und erhitzen, dann mit Salz, Pfeffer, Zucker und Zitronensaft abschmecken. Petersilie unterrühren. Mit Eiern, Kartoffeln und Salat servieren.

Gedünstetes Gemüse

Zutaten für 4 Personen

500 g Gemüsegurken
50 g Speck
1 El Butter
500 g Tomaten
1 Gemüsebrühwürfel
Salz, Pfeffer
125 ml Sahne
je 1 El frisch gehackter Dill und frisch gehackte Petersilie

Zubereitungszeit

20 Minuten
(plus Schmorzeit)

Pro Portion

ca. 170 kcal/714 kJ
5 g E · 13 g F · 7 g KH

1 Gurken schälen, halbieren und mit einem Löffel die Kerne herausholen. Gurken in Scheiben schneiden. Speck würfeln und in einem Topf auslassen. Die Butter zugeben und die Gurken im Fett halbweich dünsten.

2 Tomaten mit kochendem Wasser übergießen, von Häuten und Stielansätzen befreien und klein schneiden. Zu den Gurken geben und mitdünsten. Gemüsebrühwürfel zugeben und unter Rühren auflösen lassen.

3 Das Gemüse mit Salz und Pfeffer abschmecken und die Sahne darunter rühren. Die Kräuter unterrühren. Zu Salzkartoffeln und gebratenem Kotelett servieren.

Mehlköße mit saurer Sauce

Zutaten für 4 Personen

2 Kartoffeln
500 g Mehl
3 Eier
Salz
1 Tl Zucker
2 El Butter
200 ml Milch
100 g Paniermehl
50 g geräucherter Speck
2 Zwiebeln
2 El Mehl
250 ml Fleischbrühe
Weißweinessig

Zubereitungszeit

30 Minuten
(plus Gar- und Schmorzeit)

Pro Portion

ca. 680 kcal/2856 kJ
25 g E · 9 g F · 120 g KH

1 Die Kartoffeln mit Schale garen, abgießen und abkühlen lassen. Anschließend die Kartoffeln pellen und reiben.

2 Mehl, Eier, etwas Salz, Zucker und 1 El Butter verrühren. Die Milch erwärmen und hinzufügen. Geriebene Kartoffeln zugeben und aus allem einen festen Teig kneten.

3 In einem großen Topf reichlich gesalzenes Wasser zum Kochen bringen. Einen Probekloß kochen und nach Bedarf zusätzlich Wasser oder Mehl unter den Teig mischen. Dann mit angefeuchteten Händen Klöße formen und in das kochende Wasser geben. Bei mittlerer Temperatur etwa 5 Minuten ziehen lassen.

4 Klöße aus dem Topf nehmen und abtropfen lassen. Paniermehl in der restlichen Butter rösten und die Klöße darin wenden. Warm stellen.

5 Den Speck würfeln. Die Zwiebeln schälen und hacken. Speck in einer Pfanne auslassen, die Zwiebeln darin schmoren, dann beides herausnehmen. Mehl in das Fett rühren, anschwitzen und die Fleischbrühe angießen. Speck und Zwiebeln wieder in die Sauce geben und diese mit Salz und Essig säuerlich abschmecken. Zu den Mehlklößen servieren.

Quarknudeln

Zutaten für 4 Personen

375 g Speisequark
2 Eier
2 El Zucker
Mehl
Salz
30 g Butter

Zubereitungszeit

15 Minuten
(plus Ruhe- und Garzeit)

Pro Portion

ca. 182 kcal/764 kJ
16 g E · 9 g F · 6 g KH

1 Den Quark durch ein Sieb oder ein Mulltuch streichen. In eine Schüssel geben und mit den Eiern und Zucker mischen.

2 So viel Mehl zu der Masse geben, dass daraus ein fester Teig entsteht. Den Teig 10 Minuten ruhen lassen. Dann auf einer bemehlten Arbeitsfläche ausrollen.

3 Den Teig in dünne Streifen schneiden und in leicht gesalzenem, kochendem Wasser garen. Wenn sie an der Oberfläche schwimmen, mit dem Schaumlöffel herausnehmen.

4 Die Butter in einem Topf schmelzen. Die Quarknudeln mit der Butter und grünem Salat servieren. Oder als Beilage zu Fleischgerichten reichen.

Quarkklößchen

Zutaten für 4 Personen

15 g Butter
4 El Milch
125 g Sahnequark
1 Ei
Salz
4 El Paniermehl
1 El frisch gehackte Petersilie
1,25 l Hühnerbrühe

Zubereitungszeit

15 Minuten
(plus Ruhe- und Garzeit)

Pro Portion

ca. 96 kcal/403 kJ
6 g E · 5 g F · 5 g KH

1 Die Butter in einem Topf schmelzen und mit der Milch verrühren. Quark und Ei hinzufügen und daraus einen glatten Teig rühren. Mit Salz abschmecken.

2 Paniermehl und Petersilie zum Teig geben und gut unterrühren. Den Teig etwa 20 Minuten ruhen lassen.

3 Inzwischen die Hühnerbrühe zum Kochen bringen. Mit einem Teelöffel kleine Klößchen vom Teig abstechen und in die Brühe gleiten lassen. Die Klößchen etwa 10 Minute darin ziehen lassen. Dann mit dem Schaumlöffel herausnehmen.

4 Die Klößchen mit der Brühe servieren. Dazu frisches Brot reichen.

Fleischgerichte

Geschmorte Bratwurst

Zutaten für 4 Personen

4 Bratwürste (à 125 g)
oder 500 g Bratwurst
am Stück
100 g Knollensellerie
1 Zwiebel
1 Möhre
125 ml dunkles Bier
1 Lorbeerblatt
2 Nelken
3 Pfefferkörner
50 g Pfefferkuchen
1 Tl Speisestärke
Salz
Zucker
Zitronensaft
1 El Butterschmalz

Zubereitungszeit

25 Minuten
(plus Garzeit)

Pro Portion

ca. 445 kcal/1869 kJ
17 g E · 35 g F · 12 g KH

1 Die Bratwurst in einen Topf mit kochendem Wasser geben und etwa 5 Minuten ziehen lassen. Die Bratwurst aus dem Topf nehmen.

2 Sellerie, Zwiebel und Möhre schälen und klein schneiden. Das Bier mit 250 ml Wasser, dem Gemüse und den Gewürzen in einem zweiten Topf aufkochen und 10 Minuten köcheln. Dann die Bratwurst hinzufügen und weitere 15 Minuten garen.

3 Wurst aus der Brühe nehmen, diese durch ein Sieb gießen. Pfefferkuchen kurz einweichen, dann in die Brühe geben und unter Rühren auflösen. Speisestärke in etwas Wasser rühren und die Sauce damit binden. Mit Salz, Zucker und Zitronensaft abschmecken.

4 Die Bratwurst in Scheiben schneiden (kleine Bratwürste ganz lassen) und in die Sauce geben, weitere 5 Minuten erhitzen und mit der Butter verfeinern. Mit Kartoffelbrei servieren.

Gebratene Grützwurst

1 Die Wurst in kochendem Wasser etwa 5 Minuten ziehen lassen, dann die Pelle entfernen und Wurst in Scheiben schneiden.

2 Butterschmalz in einer Pfanne schmelzen und die Wurstscheiben darin anbraten. Die Zwiebel schälen und würfeln. Zur Wurst geben und mitschmoren.

3 Den Pfanneninhalt würzen, mit der Brühe ablöschen und etwas einkochen lassen. Den Apfel schälen, entkernen und würfeln. In die Pfanne geben und weich kochen. Gut unterrühren. Grützwurst mit grünem Salat und Kartoffeln servieren.

Zutaten für 4 Personen

500 g Grützwurst
2 El Butterschmalz
1 Zwiebel
Salz, Pfeffer
1 Tl getrockneter Majoran
100 ml Fleischbrühe
1 Apfel

Zubereitungszeit

20 Minuten
(plus Schmorzeit)

Pro Portion

ca. 325 kcal/1365 kJ
19 g E · 20 g F · 16 g KH

Königsberger Klopse

Zutaten für 4 Personen

- 2 altbackene Brötchen
- 2 Zwiebeln
- 2 Anchovis
- 3 El Butter
- 250 g Rinderhack
- 250 g Kalbshack
- 1 Ei
- Salz, Pfeffer
- 3 Gewürzkörner
- 1 Lorbeerblatt
- 2 Fleischbrühwürfel
- 30 g Mehl
- 125 ml saure Sahne
- 200 ml Weißwein
- 30 g Kapern
- Saft von 1/2 Zitrone
- 2 Eigelb

Zubereitungszeit

30 Minuten
(plus Koch- und Garzeit)

Pro Portion

ca. 522 kcal/2192 kJ
33 g E · 30 g F · 24 g KH

1 Die Brötchen in warmem Wasser einweichen. Dann gut ausdrücken. Die Zwiebeln schälen und fein hacken. Anchovis ebenfalls hacken. 1 El Butter schmelzen und 1 Zwiebel darin andünsten.

2 Das Hackfleisch mit den Brötchen, Anchovis, gedünsteter Zwiebel und dem Ei mischen und mit Salz und Pfeffer abschmecken. Mit angefeuchteten Händen zu einem festen Teig kneten und daraus kleine Bällchen formen.

3 In einem Topf etwa 500 ml Wasser mit Gewürzkörnern, Lorbeerblatt und Brühwürfeln zum Kochen bringen und etwa 10 Minuten köcheln. Dann die Klopse in die Brühe geben und etwa 10 Minuten darin köcheln. Mit einem Schaumlöffel herausnehmen und warm stellen.

4 Die restliche Butter in einem Topf schmelzen und mit dem Mehl eine Mehlschwitze bereiten. Unter Rühren die durchgesiebte Brühe dazugießen und andicken lassen. Mit Sahne und Wein auffüllen und aufkochen lassen.

5 Kapern und Zitronensaft einrühren und die Sauce fein abschmecken. Die Klopse wieder hineingeben und alles vom Herd nehmen. Eigelb mit etwas Wasser verquirlen und in die Sauce rühren. Klopse mit Salzkartoffeln servieren.

Bratklopse

Zutaten für 4 Personen

2 Brötchen vom Vortag
1 Zwiebel
500 g gemischtes Hackfleisch
1 Ei
2 El frisch gehackte Petersilie
Salz, Pfeffer
100 g Paniermehl
4 El Butterschmalz
1 El Mehl
250 ml Brühe

Zubereitungszeit

20 Minuten
(plus Bratzeit)

Pro Portion

ca. 512 kcal/2150 kJ
29 g E · 29 g F · 32 g KH

1 Die Brötchen in warmem Wasser einweichen und nach etwa 10 Minuten gut ausdrücken. Die Zwiebel schälen und hacken.

2 Brötchen und Zwiebel mit Hackfleisch, Ei und Petersilie in einer Schüssel zu einem Fleischteig kneten und mit Salz und Pfeffer würzen. Aus dem Teig etwa 8 Bratklopse formen und im Paniermehl wenden.

3 Das Schmalz in einer Pfanne schmelzen und darin die Bratklopse von beiden Seiten braun und knusprig braten. Aus der Pfanne nehmen und warm stellen. Das Mehl in den Bratensatz rühren und die Brühe angießen. Etwas einkochen lassen und zu den Bratklopsen reichen.

Falscher Hase

Zutaten für 4 Personen

2 Brötchen vom Vortag
1 Zwiebel
500 g gemischtes Hackfleisch
2 Eier
Salz, Pfeffer
60 g geräucherter Bauchspeck
1 El Butter
100 g fetter Speck
150 g Paniermehl
200 ml Fleischbrühe
100 g Pfifferlinge
125 g Schmand
1 El Mehl
edelsüßes Paprikapulver
1 Prise Zucker

Zubereitungszeit

30 Minuten
(plus Brat- und Kochzeit)

Pro Portion

ca. 572 kcal/2402 kJ
38 g E · 27 g F · 43 g KH

1 Brötchen 10 Minuten in Wasser einweichen, anschließend gut ausdrücken. Zwiebel schälen und hacken. Hackfleisch, Brötchen, Zwiebel und Eier zu einem Teig verkneten und würzen. Bauchspeck in Würfel schneiden und unter den Fleischteig mischen. Backofen auf 180 °C (Umluft 160 °C) vorheizen.

2 Eine Kastenform mit der Butter einfetten und den Fleischteig hineinsetzen. Speck in Scheiben schneiden und auf den Braten legen. Mit Paniermehl bestreuen und im Ofen etwa 60 Minuten braten. Nach Bedarf etwas Brühe dazugießen.

3 Hackbraten in der Form abkühlen lassen, herausnehmen und in Scheiben schneiden. Restliche Brühe in die Form gießen und den Bratensatz lösen. In einen Topf sieben und aufkochen. Pilze putzen und in die Sauce geben, aufkochen. Mehl in den Schmand rühren und die Sauce damit binden. Die Sauce mit Salz, Pfeffer, Paprikapulver und Zucker abschmecken.

Masurischer Sauerbraten

Zutaten für 4 Personen

750 g Rinderbraten
500 ml Buttermilch
3 El Butterschmalz
100 g Speckschwarte
Salz
Fleischbrühe nach Bedarf
2 Gewürzkörner
2 Pfefferkörner
1 Lorbeerblatt
250 ml saure Sahne
5 Wacholderbeeren
Zucker
1 Tl Mehl

Zubereitungszeit

30 Minuten
(plus Marinier- und Schmorzeit)

Pro Portion

ca. 430 kcal/1806 kJ
42 g E · 25 g F · 7 g KH

1 Das Fleisch von Haut und Sehnen befreien und in einer Schüssel mit der Buttermilch übergießen. Mindestens 4 Tage darin abgedeckt marinieren, dabei mehrmals wenden.

2 In einem großen Bratentopf das Butterschmalz erhitzen und die Speckschwarte darin anschmoren. Das Fleisch aus der Marinade nehmen, trockentupfen und im heißen Schmalz von allen Seiten gut anbraten. Fleisch salzen und anschließend so viel Brühe angießen, dass es bedeckt ist. Gewürz-, Pfefferkörner und Lorbeerblatt zugeben und etwa 1 Stunde 30 Minuten abgedeckt schmoren.

3 Nach der Garzeit die Hälfte der sauren Sahne angießen und das Fleisch weitere 30–40 Minuten schmoren, bis es weich ist. Bis auf 2 El die restliche saure Sahne zugeben und die zerdrückten Wacholderbeeren unterheben.

4 Das Fleisch aus der Sauce nehmen und warm stellen. Die Sauce durch ein Sieb gießen und mit 1 Prise Zucker abschmecken. Das Mehl in der restlichen sauren Sahne anrühren und die Sauce damit binden. Das Fleisch in Scheiben schneiden und mit der Sauce und Salzkartoffeln oder Klößen servieren.

Schuppnis

Zutaten für 4 Personen

350 g getrocknete
gelbe Erbsen
2 Zwiebeln
3 Gewürzkörner
Salz
1 Tl Majoran
600 g Rauchfleisch
(oder Schweinebauch)
500 g Kartoffeln
Pfeffer

Zubereitungszeit

20 Minuten
(plus Einweich- und Garzeit)

Pro Portion

ca. 243 kcal/1020 kJ
22 g E · 6 g F · 21 g KH

1 Die Erbsen gut waschen und über Nacht in 1,5 l Wasser einweichen. Die Zwiebeln schälen und hacken. Erbsen mit Einweichwasser, Zwiebeln und den Gewürzen in einen Topf geben. Das Rauchfleisch hinzufügen und alles abgedeckt 40–50 Minuten garen.

2 Die Kartoffeln waschen, schälen und in einem zweiten Topf in wenig gesalzenem Wasser etwa 20 Minuten garen. Abgießen und etwas abkühlen lassen.

3 Erbsen und Fleisch aus der Brühe nehmen und etwas abkühlen lassen. Das Fleisch ggf. von den Knochen lösen und die Schwarte abschneiden. Das Fleisch in mundgerechte Stücke schneiden.

4 Kartoffeln und Erbsen zerstampfen und miteinander mischen. Fleischstücke in den Brei geben und mit Pfeffer und Salz abschmecken.

Kümmelfleisch

Zutaten für 4 Personen

500 g Lamm- oder Hammelfleisch
Salz
2 Zwiebeln
etwa 500 ml Fleischbrühe
1 Tl Kümmel
1 Tl Speisestärke
Pfeffer
1 Prise Zucker

Zubereitungszeit

15 Minuten (plus Garzeit)

Pro Portion

ca. 327 kcal/1373 kJ
30 g E · 10 g F · 26 g KH

1 Das Fleisch säubern, in mundgerechte Stücke schneiden und salzen. Die Zwiebeln schälen und in Spalten schneiden. Beides in einen Topf geben und mit der Brühe deckend übergießen. Kümmel hinzufügen.

2 Das Fleisch in etwa 60–75 Minuten garen, den beim Kochen entstehenden Schaum abschöpfen.

3 Das Fleisch aus der Brühe nehmen und diese mit der in Wasser angerührten Speisestärke sämig binden. Das Fleisch zurück in die Sauce geben und aufkochen. Mit Salz, Pfeffer und Zucker abschmecken. Dazu Salzkartoffeln servieren.

Geschmorte Hammelkeule

Zutaten für 4 Personen

1 Hammelkeule (ca. 1,5 kg)
ohne Knochen
750 ml Buttermilch
100 g geräucherter Speck
1 El Butter
350 ml Wildfond
150 ml saure Sahne
1 Zwiebel
3 Wacholderbeeren
1 Lorbeerblatt
2 Nelken
100 g gemischte Pilze
2 El Mehl

Zubereitungszeit

20 Minuten
(plus Marinier- und
Schmorzeit)

Pro Portion

ca. 393 kcal/1650 kJ
58 g E · 13 g F · 8 g KH

1 Die Hammelkeule von Häuten und Sehnen befreien, in einer Schüssel mit der Buttermilch übergießen und etwa 4 Tage marinieren lassen. Danach abspülen und trockentupfen.

2 Den Speck in Streifen schneiden und die Keule damit spicken. Etwas Speck zurückbehalten und mit der Butter in einem Bräter auslassen. Die Keule darin von allen Seiten gut anbraten.

3 Fond und 50 ml saure Sahne angießen, sodass die Keule gerade bedeckt ist. Zwiebel schälen, in Ringe schneiden und mit den Gewürzen dazugeben. Die Keule abgedeckt etwa 2 Stunden schmoren (auf dem Herd oder im Backofen bei 175 °C (Umluft 155 °C).

4 Nach der Garzeit die Keule aus dem Bräter nehmen und warm stellen. Die geputzten Pilze im Bratenfond 5 Minuten schmoren, dann die restliche Sahne hinzufügen. Das Mehl in etwas Wasser anrühren und die Sauce damit binden. Noch etwa 10 Minuten köcheln, dann durch ein Sieb gießen.

5 Die Hammelkeule in Scheiben schneiden und mit der Sauce, Kartoffeln und Preiselbeeren servieren.

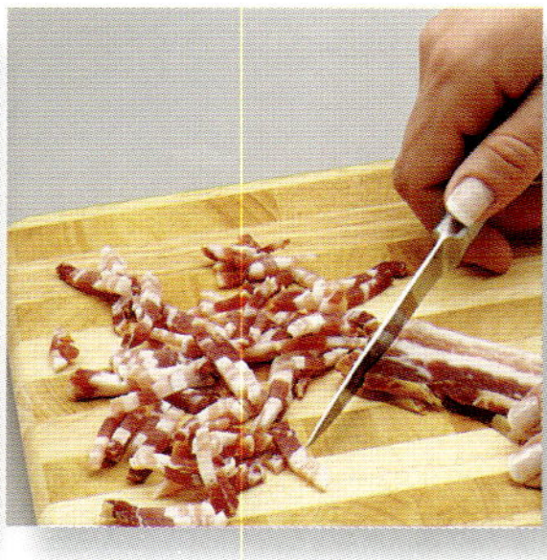

Tipp: Möchten Sie eine besonders knusprige Hammelkeule, sollten Sie die Keule kurz vor Ende der Bratzeit mit dunklem Bier oder mit Wacholderschnaps begießen.

Pfefferfleisch

Zutaten für 4 Personen

4 Rinderrouladen (à 125 g) oder dünne Rindfleischscheiben
1 El Butterschmalz
1 El Gänseschmalz
1 geräucherte Speckschwarte
250 ml Fleischbrühe
4 Gewürzkörner
5 Pfefferkörner
1 Lorbeerblatt
3 Zwiebeln
1 El Mehl nach Bedarf
Salz, Pfeffer

Zubereitungszeit

20 Minuten
(plus Schmor- und Garzeit)

Pro Portion

ca. 209 kcal/877 kJ
26 g E · 10 g F · 2 g KH

1 Das Fleisch trockentupfen und gut klopfen. Butter- und Gänseschmalz in einem Bräter erhitzen und die gesäuberte Speckschwarte darin anbraten. Die Fleischscheiben hinzufügen und ebenfalls von beiden Seiten anbraten.

2 Fleischbrühe über das Fleisch gießen, dass es bedeckt ist, und die Gewürze hinzufügen. Zwiebeln schälen, klein schneiden und zum Fleisch geben. Fleisch bei geringer Temperatur etwa 2 Stunden schmoren.

3 Das Fleisch und die Speckschwarte aus der Sauce nehmen und diese nach Bedarf mit etwas Mehl andicken. Mit Salz und Pfeffer abschmecken und zum Fleisch mit Salat und Kartoffeln reichen.

Gefüllter Schweinebraten

Zutaten für 4 Personen

150 g getrocknete Pflaumen ohne Stein
750 g Schweinebraten
1 El Butterschmalz
Salz
1 Zwiebel
3 Gewürzkörner
2 Nelken
ca. 500 ml Fleischbrühe
1 El Speisestärke
Pfeffer
1 Prise Zucker

Zubereitungszeit

25 Minuten
(plus Einweich- und Schmorzeit)

Pro Portion

ca. 347 kcal/1457 kJ
26 g E · 10 g F · 2g KH

1 Die Pflaumen waschen und etwa 2 Stunden in heißem Wasser einweichen. Dann abgießen und abtropfen lassen. In den Schweinebraten eine Tasche schneiden (evtl. vom Metzger machen lassen) und mit den Pflaumen füllen. Tasche zunähen.

2 Das Butterschmalz in einem Bräter schmelzen. Den Schweinebraten mit Salz einreiben und im heißen Fett von allen Seiten gut anbraten. Zwiebel schälen und grob zerkleinern. Zwiebel und Gewürze zum Braten geben und mit der Brühe bedecken.

3 Den Braten etwa 60 Minuten weich schmoren, dann aus dem Bräter nehmen und warm stellen. Die Sauce durch ein Sieb streichen und mit der in Wasser angerührten Speisestärke binden. Mit Salz, Pfeffer und Zucker abschmecken. Den Schweinebraten in Scheiben schneiden und mit Sauce, Rotkraut und Salzkartoffeln servieren.

Fischgerichte

Schmandheringe

Zutaten für 4 Personen

4 Matjesheringe
350 g Schmand
1 Apfel
1 Zwiebel
Pfeffer
1 Prise Zucker
1 El Zitronensaft
2 El frisch gehackter Dill

Zubereitungszeit

30 Minuten
(plus Zeit zum Wässern und Ziehen)

Pro Portion

ca. 350 kcal/1470 kJ
7 g E · 32 g F · 8 g KH

1 Die Heringe von Häuten und Gräten befreien und mindestens 24 Stunden wässern. Anschließend gut waschen, in mundgerechte Stücke schneiden und in eine Schüssel geben.

2 Den Schmand über die Heringe geben. Apfel schälen, entkernen und würfeln. Zwiebel schälen und in Ringe schneiden. Beides unter die Fische mischen.

3 Die Schmandheringe mit Pfeffer, Zucker und Zitronensaft abschmecken und den Dill unterheben. Mindestens 60 Minuten ziehen lassen. Die Schmandheringe mit Pellkartoffeln servieren.

Fischklopse mit Speck

Zutaten für 4 Personen

1 altbackenes Brötchen
500 g gekochtes Fischfleisch
1 Zwiebel
2 Eier
Salz, Pfeffer
2 El frisch gehackte Petersilie
100 g Paniermehl
3 El Öl
30 g Bauchspeck
1 Tl Butter
1 El Mehl
Weinessig

Zubereitungszeit

20 Minuten
(plus Bratzeit)

Pro Portion

ca. 330 kcal/1386 kJ
30 g E · 11 g F · 26 g KH

1 Das Brötchen in etwas Wasser einweichen. Das Fischfleisch fein hacken oder durch den Fleischwolf drehen. Die Zwiebel schälen und fein hacken. Das Brötchen gut ausdrücken.

2 Fischfleisch mit Brötchen, Zwiebel und Eiern zu einem glatten Teig verarbeiten und mit Salz und Pfeffer abschmecken. Die Petersilie unterheben.

3 Aus dem Fischteig Klopse formen und im Paniermehl wenden. Das Öl in einer Pfanne erhitzen und die Fischklopse darin von beiden Seiten etwa 8 Minuten braten. Aus gewürfeltem Speck, Butter und Mehl eine Specksauce herstellen und mit Salz, Pfeffer und 1 Spritzer Essig abschmecken. Zu Kartoffelsalat servieren.

Zander ostpreußische Art

Zutaten für 4 Personen

4 mittelgroße, küchenfertige Zander
Salz
Saft von 1 unbehandelten Zitrone
1 Bund Suppengemüse
1 Zwiebel
2 Gewürzkörner
1 Lorbeerblatt
200 g Butter
8 Eier
1 Tl Sahnemeerrettich aus dem Glas
1 El frisch gehackte Petersilie

Zubereitungszeit

20 Minuten
(plus Garzeit)

Pro Portion

ca. 422 kcal/1772 kJ
45 g E · 25 g F · 4 g KH

1 Zander gut waschen und trockentupfen und mit Salz und Zitronensaft einreiben.

2 Das Suppengemüse putzen, nach Bedarf schälen und klein schneiden. Die Zwiebel schälen, halbieren und in Streifen schneiden.

3 Die Fische in einen großen Topf mit kaltem Wasser bedecken, Suppengemüse, Zwiebel und Gewürze zugeben und aufkochen lassen. Fische bei mittlerer Temperatur etwa 20 Minuten im Wasser ziehen lassen. Anschließend mit einer Schaumkelle herausnehmen und warm stellen.

4 150 g Butter in einem Pfännchen bräunen. Die Eier in etwa 10 Minuten hart kochen, abgießen, pellen und hacken. Die restliche Butter mit dem Meerrettich vermengen.

5 Die Zander mit gehackter Petersilie bestreuen. Die Fische mit gebräunter Butter, Eiern, Meerrettichbutter und Salzkartoffeln servieren.

Tipp: Damit sich das Zanderfilet nicht nach oben wölbt, wenn Sie es mit Haut braten, sollten Sie diese kreuzweise einschneiden.

Stremellachs in Blätterteig

Zutaten für 4 Personen

450 g TK-Blätterteig
1 Zwiebel
200 g Blattspinat
30 g Butter
Salz, Pfeffer
1/2 Tl geriebene Muskatnuss
500 g Stremellachs
1 Ei

Zubereitungszeit

15 Minuten
(plus Zeit zum Auftauen und Backen)

Pro Portion

ca. 672 kcal/2822 kJ
30 g E · 45 g F · 33 g KH

1 Den Blätterteig auftauen lassen. Die Zwiebel schälen und hacken. Den Spinat verlesen, putzen und gut waschen.

2 Die Butter in einem Topf schmelzen und die Zwiebel darin andünsten. Den Spinat tropfnass dazugeben und alles etwa 10 Minuten dünsten. Mit Salz, Pfeffer und Muskat würzen. Den Backofen auf 150 °C (Umluft 130 °C) vorheizen.

3 Den Blätterteig ausrollen und den Lachs darauf legen. Mit dem Spinat belegen und den Blätterteig vorsichtig zusammenrollen. Die Enden gut andrücken. Das Ei verquirlen und den Teig damit bestreichen. Im Ofen etwa 45 Minuten backen.

4 Den Lachs im Blätterteig in Scheiben schneiden und mit frisch geriebenem Meerrettich oder einer Dill-Senf-Sauce und Salat servieren.

Gebratene Stinte

Zutaten für 4 Personen

150 g Räucherspeck
2 El Butterschmalz
1 Zwiebel
1 kg küchenfertige Stinte
Salz
Saft von 1/2 Zitrone
1 El Butter
2 El Mehl
125 ml saure Sahne
Pfeffer

Zubereitungszeit

20 Minuten
(plus Bratzeit)

Pro Portion

ca. 437 kcal/2822 kJ
30 g E · 46 g F · 33 g KH

1 Den Speck in Würfel schneiden und in einer Pfanne mit 1 El Butterschmalz knusprig braten. Die Zwiebel schälen und in Ringe schneiden, zum Speck geben und mitbraten.

2 Restliches Butterschmalz in der Pfanne schmelzen und die Stinte nacheinander darin knusprig braten. Anschließend aus der Pfanne nehmen und auf Küchenpapier abtropfen lassen. Salzen und mit Zitronensaft beträufeln.

3 Speck aus der Pfanne nehmen und die Butter darin schmelzen. Mehl hinzufügen und unter Rühren eine Mehlschwitze herstellen. Mit der sauren Sahne ablöschen und mit Salz und Pfeffer und etwas Zitronensaft süß-sauer abschmecken. Dazu Kartoffelbrei mit den Speckwürfeln servieren.

Fisch in Dill-Sahne-Sauce

Zutaten für 4 Personen

1 kg gemischte, küchenfertige Fische (Süß- oder Salzwasserfische) oder Fischfilets
1 Bund Suppengemüse
1 Zwiebel
3 Gewürzkörner
1 Lorbeerblatt
Salz
11/2 El Weinessig
2 El Butter
2 El Mehl
125 g Schmand
je 1 El frisch gehackter Dill und gehackte Petersilie
2 Eigelb
1 Tl Sahnemeerrettich
1 Prise Zucker
Pfeffer

Zubereitungszeit

30 Minuten
(plus Garzeit)

Pro Portion

ca. 377 kcal/1583 kJ
49 g E · 17 g F · 5 g KH

1 Die Fische waschen, trockentupfen und in Stücke schneiden. Das Suppengemüse putzen, nach Bedarf schälen und klein schneiden. Die Zwiebel schälen und hacken. Suppengemüse, Zwiebel, Gewürze und 1 El Essig in einem Topf in etwa 750 ml Wasser aufkochen und 10 Minuten köcheln.

2 Die Fische in die Brühe geben und etwa 15 Minuten darin ziehen lassen. Fischstücke aus dem Topf nehmen und warm stellen. Suppengemüse ebenfalls aus dem Topf nehmen. Den Kochsud durch ein Sieb gießen.

3 Aus Butter und Mehl eine Mehlschwitze herstellen und mit 125 ml Kochsud und dem Schmand ablöschen. Dill unterrühren und die Sauce etwa 10 Minuten köcheln, bis sie sehr cremig ist. Topf vom Herd nehmen und die verquirlten Eigelb unter die Sauce heben.

4 Die Sauce mit Petersilie, Meerrettich, restlichem Essig, Zucker und Pfeffer abschmecken. Fische mit der Sauce, dem Suppengemüse und Salzkartoffeln servieren.

Tipp: Ist der Fisch eingefroren, dann sollten Sie ihn in Milch auftauen. Der Gefriergeschmack wird herausgezogen, und das Aroma des Fisches erheblich verbessert.

Dorschfilets mit Schmunselsauce

Zutaten für 4 Personen

850 g Dorschfilet
Salz, Pfeffer
1 El Zitronensaft
2 Eier
50 g Räucherspeck
3 El Öl
200 g Paniermehl
1 El Butter
1 El Mehl
100 ml Fischfond
100 ml Milch

Zubereitungszeit

20 Minuten
(plus Bratzeit)

Pro Portion

ca. 500 kcal/2100 kJ
52 g E · 13 g F · 41 g KH

1 Die Dorschfilets trockentupfen, mit Salz würzen und mit Zitronensaft beträufeln. Nach Belieben die Filets in Stücke schneiden. Die Eier auf einem Teller mit 1 Tl Wasser verquirlen.

2 Den Speck würfeln und in einer Pfanne mit dem Öl ausbraten. Die Fischstücke zuerst im Ei, dann im Paniermehl wenden und im heißen Fett von beiden Seiten goldbraun braten. Herausnehmen und warm stellen.

3 Die Butter zum Bratfett geben und schmelzen, Mehl hinzufügen und unter Rühren eine Mehlschwitze herstellen. Mit Fischfond und Milch ablöschen und etwa 10 Minuten köcheln lassen. Mit Salz und Pfeffer abschmecken und zu den Dorschstücken reichen. Dazu schmeckt Kartoffelsalat.

Schleie in Biersauce

Zutaten für 4 Personen

ca. 1 kg küchenfertige Schleie
Salz
1 Bund Suppengemüse
1 Zwiebel
350 ml dunkles Bier
350 ml Gemüsebrühe
1 Lorbeerblatt
3 Gewürzkörner
3 Nelken
1 Tl Butter
30 g Pfefferkuchen
1 El Kartoffelstärke
Pfeffer
1 Prise Zucker
1 Tl Zitronensaft
1 El frisch gehackter Dill

Zubereitungszeit

20 Minuten
(plus Garzeit)

Pro Portion

ca. 243 kcal/1020 kJ
36 g E · 2 g F · 12 g KH

1 Die Schleie in Stücke schneiden und salzen. Suppengemüse putzen, nach Bedarf schälen und klein schneiden. Zwiebel schälen und würfeln. In einem Topf das Bier mit der Brühe und dem Gemüse aufkochen und etwa 10 Minuten köcheln.

2 Fischstücke mit den Gewürzen und der Butter in den Biersud geben und etwa 15 Minuten darin ziehen lassen. Fische aus dem Topf nehmen und warm stellen.

3 Den Pfefferkuchen in etwas warmem Wasser einweichen. Den Fischsud durch ein Sieb gießen und in einem Topf den Pfefferkuchen darin auflösen. Die Sauce mit der Kartoffelstärke binden und mit Salz, Pfeffer, Zucker und Zitronensaft abschmecken. Fische mit Dill bestreuen und mit der Sauce servieren. Dazu Kartoffeln reichen.

Süßspeisen & Gebäck

Apfelfladen

Zutaten für 20 Stück

4 Äpfel
3 El Zucker
250 g Mehl
4 Eier
Salz
ca. 250 ml Milch
100 ml Öl

Zubereitungszeit

15 Minuten
(plus Zeit zum Ausbacken)

Pro Stück

ca. 107 kcal/449 kJ
3 g E · 5 g F · 13 g KH

1 Die Äpfel schälen, vom Kerngehäuse befreien und in 0,5 cm dicke Scheiben schneiden. Mit 1 El Zucker bestreuen.

2 In einer Schüssel das Mehl mit den Eiern, Salz und so viel Milch vermischen, dass daraus ein glatter, leicht zähflüssiger Teig entsteht.

3 Das Öl in einem hohen Topf erhitzen. Die Apfelscheiben in den Teig tauchen und anschließend im heißen Öl goldbraun ausbacken. Mit Zucker bestreuen und servieren.

Tipp: Zu erkennen, ob ein Apfel reif ist oder nicht, fällt nicht ganz leicht. Wenn Äpfel zu duften beginnen, haben sie das meiste Aroma, sind also reif.

Apfelreis

Zutaten für 4 Personen

500 g Äpfel
200 g Milchreis
1 Tl abgeriebene Schale von
1 unbehandelten Zitrone
1/2 Zimtstange
2 El Rosinen
1 El Zucker
2 El Butter
Zimt
Zucker

Zubereitungszeit

15 Minuten
(plus Kochzeit)

Pro Portion

ca. 183 kcal/768 kJ
2 g E · 4 g F · 31 g KH

1 Die Äpfel schälen, vom Kerngehäuse befreien und würfeln. Den Reis waschen und abtropfen lassen.

2 In einem Topf 750 ml Wasser aufkochen und die Äpfel, den Reis, Zitronenschale und Zimtstange hineingeben. Alles etwa 15 Minuten garen, bis der Reis gequollen ist. Dann die Zimtstange entfernen.

3 Die Rosinen heiß abspülen und mit dem Zucker unter den Apfelreis heben. Die Butter bräunen und über den Apfelreis geben. Mit Zimt und Zucker bestreut servieren.

Apfelreis

Grießpudding mit Früchten

Zutaten für 4 Personen

500 ml Milch
Salz
6 El Zucker
125 g Weizengrieß
3 Eier
50 g Butter
abgeriebene Schale von
1/2 unbehandelten Zitrone
50 g gehackte Mandeln
Fett und Paniermehl
für die Form
500 g gemischte Früchte
z. B. Kirschen, Erdbeeren
Preiselbeeren

Zubereitungszeit

20 Minuten
(plus Gar- und Kochzeit)

Pro Portion

ca. 475 kcal/1995 kJ
16 g E · 27 g F · 40 g KH

1 Die Milch in einen Topf geben und mit etwas Salz und 3 El Zucker zum Kochen bringen. Unter Rühren den Grieß hinzufügen und etwa 15 Minuten bei geringer Temperatur quellen lassen.

2 Die Eier trennen. Die Butter mit den Eigelb und der Zitronenschale unter den Grieß heben. Die Eiweiß steif schlagen und mit den Mandeln zuletzt unter den Grießbrei mischen.

3 Eine Auflauf- oder Souffleeform mit Butter einfetten, mit Paniermehl ausstreuen und den Grießbrei hineingeben. Die Form ins Wasser-bad stellen und den Grießbrei etwa 1 Stunde 30 Minuten darin köcheln.

4 Inzwischen die Früchte verlesen, nach Bedarf putzen oder schälen und zerkleinern. In einem Topf mit etwas Wasser und 3 El Zucker etwa 10 Minuten köcheln und abkühlen lassen. Grießbrei stürzen und warm mit den Früchten servieren.

Tipp: Grießspeisen sind garantiert ohne Klümpchen, wenn Sie den trockenen Grieß durch eine angeschnittene Spritztüte in die Flüssigkeit rieseln lassen.

Rhabarbergrütze

Zutaten für 4 Personen

500 g Rhabarber
150 g Zucker
2 El Zitronensaft
1 Zimtstange
100 ml trockener Weißwein

Zubereitungszeit

20 Minuten
(plus Zeit zum Ziehen, plus Garzeit)

Pro Portion

ca. 181 kcal/760 kJ
0 g E · 14 g F · 40 g KH

1 Den Rhabarber gut putzen, waschen und die Stangen von den Fäden befreien. Anschließend in etwa 2 cm dicke Stücke schneiden. Die Rhabarberstücke in einer Schüssel mit dem Zucker bestreuen und 30 Minuten stehen lassen.

2 Rhabarber mit entstandener Flüssigkeit, Zitronensaft und Zimt in einen Topf geben, Wein hinzufügen und etwa 15–20 Minuten garen. Die Rhabarberstücke sollten nicht zerfallen.

3 Die Zimtstange entfernen und den Rhabarber noch warm mit Vanillesauce servieren.

Buttermilchflinsen

1 Das Mehl in eine Schüssel sieben und Salz, Zucker und die Eier hinzufügen. Alles gut mischen, dann die Buttermilch langsam einrühren.

2 Den Teig so lange rühren, bis er schaumig, aber noch formbar ist. Bei Bedarf noch etwas Mehl zufügen.

3 Das Öl in einer hohen Pfanne erhitzen. Aus dem Teig mit angefeuchteten Händen „Flinsen" (kleine ovale Fladen) formen und sie im Öl von beiden Seiten goldbraun frittieren. Mit Zucker oder Fruchtkompott servieren.

Zutaten für 32 Stück

250 g Mehl
Salz
15 g Zucker
3 Eier
500 ml Buttermilch
Öl zum Frittieren

Zubereitungszeit

15 Minuten
(plus Zeit zum Frittieren)

Pro Stück

ca. 56 kcal/235 kJ
2 g E · 2 g F · 7 g KH

Mohnstriezel

Zutaten für 16 Stücke

375 g Mohn
50 g Hefe
250 ml Milch
100 g Zucker
500 g Mehl
100 g Mandeln
6 Eier
125 g Rosinen
3–4 El Rosenwasser
1 El Butter
1 Päckchen Vanillinzucker
1 Tl Backpulver
Salz
250 g Margarine
Puderzucker

Zubereitungszeit

30 Minuten
(plus Zeit zum Gehen
und Backen)

Pro Stück

ca. 470 kcal/1972 kJ
14 g E · 11 g F · 14 g KH

1 Den Mohn mit kochendem Wasser übergießen und etwa 30 Minuten ziehen lassen. Dann die Hefe in 125 ml lauwarme Milch bröckeln, 2 Msp. Zucker und 6 El Mehl zugeben und alles locker mischen. Leicht mit Mehl bestreuen und zugedeckt gehen lassen.

2 Den Mohn in ein Sieb schütten, kalt abspülen und gut abtropfen lassen. Die Mandeln mit kochendem Wasser überbrühen und die Haut abziehen. Den Mohn mit den Mandeln in der Küchenmaschine fein hacken. 2 Eier und 1 El Mehl hinzufügen und die heiß abgespülten Rosinen, Zucker, Rosenwasser, Butter, Vanillinzucker und Backpulver dazugeben.

3 Restliches Mehl, 3 Eier, Salz, restliche Milch und den Hefevorteig vermengen. Margarine zufügen und mit angefeuchteten Händen einen glatten Teig kneten. Falls nötig, noch Mehl zufügen, bis der Teig sich rollen lässt.

4 Teig fingerdick ausrollen. Letztes Ei trennen und den Teig mit Eiweiß bestreichen. Darüber die Mohnmasse verteilen und die Teigplatte zusammenrollen. Aus der ganzen Masse 2 Mohnstriezel bereiten, auf ein Backblech legen und weitere 30 Minuten aufgehen lassen. Den Backofen auf 180 °C (Umluft 160 °C) vorheizen.

5 Eigelb mit etwas Wasser verquirlen. Mohnstriezel damit bestreichen und im Ofen etwa 30 Minuten backen. Nach dem Abkühlen mit Puderzucker bestreuen.

Makronentörtchen

Zutaten für 15 Stücke

150 g Butter
250 g Mehl
2 Eier
375 g Zucker
Salz
1 El Rum
150 ml süße und
4 bittere Mandeln
2 Eiweiß
Fett für die Förmchen
125 g Marmelade
nach Geschmack

Zubereitungszeit

30 Minuten
(plus Ruhe- und Backzeit)

Pro Stück

ca. 289 kcal/1213 kJ
3 g E · 11 g F · 42 g KH

1 Butter, Mehl, Eier, 125 g Zucker, etwas Salz und Rum zu einem Teig verkneten und 30 Minuten kalt stellen.

2 Mandeln mit kochendem Wasser übergießen, Häute abziehen und die Mandeln fein reiben. Restlichen Zucker und 1 El Wasser zu den Mandeln geben und daraus einen glatten Brei bereiten. Die Eiweiß steif schlagen und unterheben. Den Backofen auf 160 °C (Umluft 140 °C) vorheizen.

3 Den Teig auf einer Arbeitsfläche dünn ausrollen. Kleine Tortenförmchen einfetten und mit dem Teig auslegen. Teig gut andrücken. Etwas Teig zur Verzierung übrig lassen. Die Förmchen dünn mit Marmelade ausstreichen, darauf so viel Makronenmasse geben, dass sie zu drei Vierteln voll sind. Den Rest des Teiges in schmale Streifen schneiden und gitterartig auf die Törtchen legen. Im Ofen etwa 35 Minuten backen.

Krümeltorte

Zutaten für 12 Stücke

250 g Butter
2 Eier
250 g Zucker
500 g Mehl
1 Päckchen Backpulver
Salz
3 Tropfen Bittermandelöl
1 cl Mandellikör
350 g Kirsch- oder Johannisbeermarmelade
Fett für die Form

Zubereitungszeit

25 Minuten (plus Backzeit)

Pro Stück

ca. 478 kcal/2007 kJ
5 g E · 18 g F · 70 g KH

1 Die Butter in einer Schüssel schaumig rühren. Die Eier trennen. Eigelb und Zucker zur Butter geben und das mit Backpulver vermischte Mehl unterrühren. Salz, Bittermandelöl und Mandellikör einrühren.

2 Eiweiß steif schlagen und unter den Teig heben. Den Teig so lange rühren, bis er krümelig ist. Den Backofen auf 175 °C (Umluft 155 °C) vorheizen.

3 Eine Springform (Ø 24 cm) einfetten und die Hälfte des Teiges hineingeben. Die Marmelade darüber streichen und den restlichen Krümelteig darauf verteilen. Krümeltorte im Ofen etwa 30 Minuten backen.

Krümeltorte

Honigkuchen

Zutaten für 20 Stücke

3 Eier
200 g Zucker
500 g Mehl
500 g Honig
200 g Gänseschmalz
1 Msp. gemahlener Zimt
1 Msp. gemahlene Nelken
abgeriebene Schale von
 1 unbehandelten Zitrone
125 g gehackte Mandeln
3 Tropfen Bittermandelöl
100 g Zitronat
20 g Natron
Fett für das Backblech
1 Eigelb
100 g Mandelhälften

Zubereitungszeit

30 Minuten
(plus Zeit zum Gehen
und Backen)

Pro Stück

ca. 391 kcal/1642 kJ
6 g E · 17 g F · 50 g KH

1 Die Eier mit dem Zucker in einer Schüssel schaumig rühren. Das Mehl hinzufügen und untermischen. Den Honig und das Gänseschmalz erwärmen und ebenfalls in die Schüssel geben. Gewürze, Zitronenschale, gehackte Mandeln und Bittermandelöl hinzufügen und alles zu einem glatten Teig rühren.

2 Das Zitronat fein würfeln, das Natron in etwas Wasser auflösen. Beides unter den Teig heben. Den Teig mit den Händen mehrmals gut durchkneten, anschließend mit etwas Mehl bestreuen und 8 Tage abgedeckt ruhen lassen.

3 Ein Backblech einfetten und mit Mehl bestreuen. Den Teig darauf verteilen und weitere 60 Minuten an einem warmen Ort gehen lassen. Den Backofen auf 175 °C (Umluft 155 °C) vorheizen.

4 Das Eigelb mit etwas Wasser verquirlen und den Teig damit bestreichen. Die halbierten Mandeln dekorativ verteilen. Die Honigkuchen im Ofen etwa 30 Minuten backen. Anschließend in Stücke schneiden und servieren.

Aufgrund seines hohen Honiggehalts galt der Honigkuchen in früheren Zeiten als eines der kostbarsten Festtagsbackwerke.

Glumstorte

Zutaten für 12 Stücke

200 g Butter
5 Eigelb
350 g Zucker
6 El Weizengrieß
1 kg Quark (10 % Fett)
Saft und Schale von
1 unbehandelten Zitrone
1 Päckchen Backpulver
Fett und Paniermehl
für die Form
Puderzucker zum Bestreuen

Zubereitungszeit

20 Minuten
(plus Backzeit)

Pro Stück

ca. 192 kcal/806 kJ
4 g E · 13 g F · 12 g KH

1 Die Butter in einer Schüssel schaumig schlagen. Dann Eigelb und Zucker zugeben und gut unterrühren. Den Backofen auf 175 °C (Umluft 155 °C) vorheizen.

2 Den Grieß hinzufügen und den Quark esslöffelweise unter den Teig mischen. Zuletzt Zitronensaft und -schale sowie Backpulver unter den Teig rühren.

3 Eine Springform (Ø 24 cm) einfetten und mit Paniermehl ausstreuen. Teig hineingeben und im Ofen 60 Minuten backen. Abkühlen lassen, mit Puderzucker bestreuen und servieren.

Schmandwaffeln

Zutaten für 15 Stück

4 Eier
1 El Zucker
250 g Mehl
250 ml Sahne
125 g Butter
Salz
Fett für die Form

Zubereitungszeit

15 Minuten
(plus Ruhe- und Backzeit)

Pro Stück

ca. 353 kcal/1482 kJ
13 g E · 17 g F · 36 g KH

1 Die Eier trennen und die Eigelb in einer Schüssel mit dem Zucker schaumig rühren. Das Mehl unterrühren und die Sahne dazugießen.

2 Die Butter in einem Pfännchen zerlassen und mit 1 Prise Salz unter den Teig rühren. Die Eiweiß steif schlagen und unter den Waffelteig heben. Den Teig etwa 10 Minuten ruhen lassen.

3 Inzwischen das Waffeleisen erhitzen und einfetten. Löffelweise aus dem Teig goldbraune Waffeln backen. Mit Frucht- oder Vanillesauce servieren.

Rezeptregister